D1027544

L'ESPRIT DE
L'AÏKIDO

Données de catalogage avant publication (Canada)
Di Villadorata, Massimo N.
L'esprit de l'aïkido
1. Aïkido. I. Titre.
GV1114.35.D5 1998 796.815'4 C98-941134-6

Les photographies du présent ouvrage ont été
réalisées par l'auteur avec un appareil-photo
numérique.

Pour en savoir davantage sur nos publications,
visitez notre site: **www.edhomme.com**
Autres sites à visiter: www.edjour.com ·
www.edtypo.com · www.edvlb.com
www.edhexagone.com · www.edutilis.com

© 1998, Les Éditions de l'Homme,
une division du groupe Sogides

Tous droits réservés

Dépôt légal: 4ᵉ trimestre 1998
Bibliothèque nationale du Québec

ISBN 2-7619-1457-0

DISTRIBUTEURS EXCLUSIFS:

· Pour le Canada et les États-Unis:
MESSAGERIES ADP*
955, rue Amherst,
Montréal, Québec
H2L 3K4
Tél.: (514) 523-1182
Télécopieur: (514) 939-0406
* Filiale de Sogides ltée

· Pour la Belgique et le Luxembourg:
PRESSES DE BELGIQUE S.A.
Boulevard de l'Europe 117
B-1301 Wavre
Tél.: (010) 42-03-20
Télécopieur: (010) 41-20-24

· Pour la Suisse:
DIFFUSION: ACCES-DIRECT SA
Case postale 69 - 1701 Fribourg - Suisse
Tél.: (41-26) 460-80-60
Télécopieur: (41-26) 460-80-68
DISTRIBUTION: OLF SA
Z.I. 3, Corminbœuf
Case postale 1061
CH-1701 FRIBOURG
Commandes: Tél.: (41-26) 467-53-33
                     Télécopieur: (41-26) 467-54-66

· Pour la France et les autres pays:
INTER FORUM
Immeuble Paryseine, 3, Allée de la Seine
94854 Ivry Cedex
Tél.: 01 49 59 11 89/91
Télécopieur: 01 49 59 11 96
Commandes: Tél.: 02 38 32 71 00
                     Télécopieur: 02 38 32 71 28

L'ESPRIT DE
L'AÏKIDO

MASSIMO N. DI VILLADORATA

LES ÉDITIONS DE
L'HOMME

À Maailin

Je tiens à remercier Sonia Simard pour la rédaction française du texte original. Ma gratitude va aussi à mes élèves qui ont participé aux séances photographiques :

Daniel Laurendeau
Doris Dea
Gilles Longpré
Michael Burns
Marcel Lavigne
Michelle Lapointe
Pierre Marier
Michael David Wood
Sylvie Lauzon
Fida Khouri
Louise Pichette
Howard Scott
François Nsenga
Yves Deschamps
Jean-François René
Glen Cordner
Anshuman Jugessur

Je cultive une rose blanche
pour l'ami sincère
qui me donne sa main franche.
Pour celui qui me veut du mal, et fatigue
ce cœur avec lequel je vis,
ni chardons ni orties ne cultive.
Je cultive une rose blanche.

(*Chanson péruvienne*)

Introduction

Contrairement à d'autres arts martiaux qui ont mis au point des techniques visant à détruire l'adversaire, l'Aïkido propose une méthode qui permet de dissiper l'agressivité de l'ennemi afin de résoudre une situation conflictuelle sans recourir à la violence. Même si l'on apprend à appliquer cette méthode dans le contexte d'une confrontation physique, l'autodéfense constitue seulement le niveau primaire de l'apprentissage. L'Aïkido a pour objectif de résoudre le conflit psychologique qui précède toujours l'agression physique.

À cette fin, l'Aïkido utilise une stratégie qui s'articule autour de quatre étapes : esquiver, déséquilibrer, contrôler et enfin harmoniser. Cette stratégie n'étant pas simple, de nombreuses années d'études et de pratique sont requises pour développer la coordination ainsi que la précision nécessaires pour l'appliquer intuitivement. Tout comme l'interprétation d'une pièce par un musicien est la manifestation de son état d'âme, l'application de cette stratégie doit être l'expression spontanée d'un moment unique. Il ne suffit pas de maîtriser des techniques, il faut développer un état d'esprit qui permette d'obtenir une simultanéité absolue entre l'attaque et la défense.

Un homme qui voulait devenir invincible avait étudié plusieurs arts martiaux. À peine croyait-il en avoir maîtrisé un, qu'il en découvrait un autre, qui enseignait des techniques différentes. Finalement, il décida d'étudier chez un maître qui avait la réputation d'être invincible. «Je ne peux rien t'enseigner si tu n'es pas prêt à comprendre mon enseignement», lui dit le maître avant de l'accepter comme élève. «Tu dois donc venir vivre chez moi et prendre soin du ménage. De cette façon, je pourrai t'observer et juger de ton évolution.» L'homme alla donc vivre chez le maître qui, au lieu de lui enseigner son art, se glissait furtivement derrière lui et, aux moments les plus inattendus, lui assenait des coups de bâton. Des années fort frustrantes s'écoulèrent ainsi mais, convaincu que le maître voulait tester sa détermination, l'homme ne le quitta pas. Un jour, alors qu'il cuisinait, une impulsion soudaine le fit se déplacer. La marmite devant laquelle il cuisinait vola en éclats sous le bâton du maître: «Je t'ai tout enseigné, lui dit alors le maître, tu peux me quitter maintenant.»

Analyser rationnellement une situation avant d'agir est souhaitable, bien sûr, mais c'est aussi un luxe qu'on ne peut pas toujours se permettre. L'épée de l'ennemi qui s'abat sur soi est le vrai test de l'apprentissage; c'est le moment de vérité. Tout se passe ici et maintenant : on bouge et on reste vivant, on hésite et on meurt.

Comme dans l'histoire qui précède, l'apprentissage dans un Dojo (mot qui signifie «lieu où on apprend la voie») doit aller plus loin que la maîtrise des techniques; le véritable apprentissage est beaucoup plus subtil, il s'adresse à l'inconscient et surprend le conscient.

Dans la pratique, les élèves tiennent en alternance le rôle de celui qui effectue la technique (Nage) et de celui qui attaque (Uke). Ainsi, Nage apprend à mobiliser son énergie pendant que Uke apprend qu'une blessure serait le résultat inévitable d'une résistance têtue. Il n'y a rien à prouver : il n'y a ni vainqueur ni vaincu, il y a seulement apprentissage réciproque.

Cette alternance de rôles met en relief le fait que chaque victoire, aussi spectaculaire soit-elle, ne constitue qu'un épisode dans une vie; elle ne garantit d'aucune façon le succès futur en face d'un nouvel adversaire. La victoire ultime est l'absence de conflit.

Le concept n'est pas nouveau. Même un stratège comme Sun Tzu, qui n'était pas exactement un pacifiste, nous prévient que : «Remporter la victoire à chaque bataille n'est pas la perfection absolue, neutraliser les forces de l'adversaire sans bataille est la perfection absolue[1]. »

Mais s'il est toujours souhaitable d'éviter le conflit, cela n'est pas toujours facile. Pour ce faire, il faut se libérer de l'agressivité qui est en nous et qui agit comme un aimant en attirant l'agression de l'extérieur. Pour obtenir cet effet de catharsis, la pratique doit être rigoureuse. Les techniques de l'Aïkido étant potentiellement dangereuses, un moment d'inattention peut provoquer un accident. L'utilisation d'une force irraisonnée n'est jamais permise. Le souci de ne pas blesser l'attaquant doit être constant. Il n'y a pas d'excuse à l'erreur.

Finalement, pour accéder à l'énergie vitale (Ki) qui circule dans notre corps, il faut apprendre à recourir le moins possible à l'utilisation de la force musculaire. Quand on utilise l'énergie vitale plutôt que la force brute, les techniques apparaissent fort esthétiques, les mouvements sont élégants, souples, rythmés et semblent être exécutés sans effort. Cependant, ils ne sont pas moins efficaces, bien au contraire. Comme le dit Miyamoto Musashi : « Quand on regarde celui qui maîtrise un art, sa performance a l'air facile, le rythme est sans interruption. Toute action exécutée par quelqu'un de compétent n'apparaît pas précipitée[2]. »

1. Sun Tzu, *The Art of War,* New York, Quill, William Morrow & Co., 1993.
2. Musashi, Miyamoto, *The Book of Five Rings,* New York, Wisdon Editions, 1983.

L'existence de l'énergie vitale a été postulée au fil de l'histoire par des cultures différentes. On la retrouve par exemple en Inde sous le nom de Pranā dans la pratique du yoga et l'efficacité de la médecine traditionnelle chinoise a largement prouvé que la santé physique et mentale dépend de la libre circulation de cette énergie (Qi).

Puisque c'est la même énergie que l'on apprend à faire circuler dans l'Aïkido, le but de la pratique devient l'autodéfense ultime, c'est-à-dire la protection de la santé de l'esprit autant que celle du corps.

L'esprit

Aï-Ki-Do

L'Aïkido a été développé dans la première partie du XXe siècle par Morihei Ueshiba (1883-1969). Le nom que le fondateur a donné à cet art exprime clairement son objectif.

Aï est généralement traduit par « amour », mais l'analyse de l'idéogramme aide à mieux cerner le concept.

La partie supérieure de ce caractère, soit les trois lignes disposées en forme de triangle, exprime l'idée d'union et d'assemblage d'éléments divers qui agissent en bon accord. La partie inférieure, en forme de carré, représente une bouche. L'ensemble du caractère évoque donc l'idée d'une absence de conflit ou d'une situation de bonne entente où plusieurs bouches parlent à l'unisson. En français, le mot qui traduit le mieux l'esprit de l'idéogramme est probablement «harmonie».

Le second caractère **Ki**, est, lui, généralement traduit par «énergie».

La partie externe de l'idéogramme représentait, dans sa forme ancienne, la vapeur produite par le soleil qui chauffe l'eau. Cette vapeur forme les nuages qui, à leur tour, se transforment en pluie qui descend sur la terre pour la nourrir. On parle donc d'un cycle naturel et ininterrompu qui rend la vie possible. La partie interne représente un grain de riz, c'est-à-dire de la nourriture qui, cuisant dans l'eau, est chauffée par le feu et libère son énergie sous la forme de vapeur qui, dans le corps, se manifeste par la respiration.

On parle de transformation de la matière en énergie qui, elle, est produite par l'harmonisation entre le Yang (feu) et le Yin (eau).

La traduction la plus moderne du caractère est souvent «souffle», ce qui montre bien comment cette énergie représente le souffle vital qui remplit l'univers et crée la vie.

Finalement le troisième idéogramme, **Do**, représente un homme qui suit un chemin. Dans le contexte, on se réfère à un chemin menant à un développement spirituel, une voie.

Pour mieux comprendre l'esprit de ce mot, on peut le comparer au mot Jitzu qui se traduit par «technique».

Grâce à l'apprentissage technique, on devient capable d'accomplir une performance dans des situations prévues par l'entraînement. Cependant, cet apprentissage permet de maîtriser des règles, mais il ne prépare pas à affronter l'imprévu. Il s'applique dans un contexte précis, mais ne se transfère pas d'un domaine à un autre, car il ne change pas la façon d'être de l'adepte.

Dans la pratique d'une voie, au contraire, la technique n'est pas un but en soi mais plutôt un moyen pour développer une façon d'être. L'apprentissage vise à donner à l'adepte une compréhension des principes qui sont universels et qui transforment son essence profonde. Dans ce sens, l'Art est valable seulement si en sortant du Dojo on est encore capable de suivre la Voie.

Le Ki

Chez l'homme, l'énergie vitale circule dans le corps. Canalisée le long des méridiens, elle harmonise les fonctions des organes et elle nourrit l'esprit. En dehors des méridiens, cette énergie défend l'organisme des attaques extérieures qui pourraient l'affaiblir et le rendre vulnérable, ce qui permettrait à la maladie de pénétrer dans le corps. (La médecine traditionnelle chinoise appelle cette énergie Wei Qi, Qi étant la phonétique chinoise de l'idéogramme.)

L'idée qu'on peut apprendre consciemment à contrôler et à diriger le Ki est fort ancienne. Il y a plusieurs milliers d'années, les Chinois avaient déjà élaboré les mouvements thérapeutiques du Qi Gong en s'appuyant précisément sur ce principe. L'originalité de l'Aïkido consiste à utiliser cette énergie non seulement pour protéger sa santé, mais aussi pour se protéger de l'agression physique. Grâce au contrôle du Ki, on peut en arriver à maintenir une attitude qui décourage toute intention d'attaque, ce qui permet d'atteindre le but ultime : gagner sans se battre. L'entraînement vise à prendre conscience de cette énergie et à apprendre à l'utiliser.

Si on visite un Dojo, on peut assister à plusieurs exercices qui permettent à l'élève d'évaluer sa capacité à mobiliser consciemment son Ki. Ces exercices semblent défier toute explication rationnelle et peuvent laisser le spectateur sceptique. Mais attention, le « on n'a rien à prouver » demeure la première règle. Si on effectue ces exercices pour impressionner le public ou pour satisfaire son ego, on risque, d'une part, de manquer son coup et, d'autre part, on corrompt l'esprit de l'Art.

Voici en quoi consistent trois de ces exercices.

Le premier est celui que l'on appelle « le bras impliable ». Tout d'abord, on garde un bras tendu qu'un partenaire essaie de faire plier en utilisant ses deux mains. Avec la pression exercée par les deux mains du partenaire, on est normalement incapable de maintenir le bras rigide.

Ensuite, on reprend la même position, mais cette fois en oubliant la force musculaire. On plie légèrement le bras, on se relaxe et, tout en se concentrant sur son centre, on imagine un flot d'énergie projeté du centre à travers le bras, comme de l'eau à travers un tuyau. Maintenant, le partenaire sera incapable de faire plier le bras.

Évidemment, la performance varie selon le niveau de l'élève. Il ne faut jamais oublier qu'il ne s'agit pas d'un spectacle mais bien d'un entraînement.

Le deuxième exercice porte le nom de Kokyu Dosa. Il est généralement pratiqué à la fin de chaque leçon. Les deux partenaires s'agenouillent face à face et l'un d'eux cherche à renverser l'autre, qui lui a saisi les poignets. On remarque que les élèves moins avancés, même s'ils sont plus lourds ou physiquement plus forts, n'arrivent pas à renverser les élèves plus avancés. Dans cet exercice, on distribue le poids sur le genou vers l'avant, mais en faisant attention de ne pas se déséquilibrer. On se concentre sur son centre que l'on pousse aussi bas que possible, puis on s'imagine en roche, profondément enfoncée dans la terre. On rend ses bras impliables

comme dans l'exercice précédent et on laisse jaillir son Ki à travers les bras du partenaire qui sera incapable de nous renverser. Encore une fois, il s'agit d'éviter l'utilisation de la force physique et de favoriser plutôt la détente pour laisser le Ki circuler librement.

Finalement, le troisième exercice, qui consiste à descendre le centre, est le plus difficile à croire et à expliquer. On se place debout, les bras le long du corps, et deux partenaires, un de chaque côté, cherchent à nous soulever. On relaxe les épaules et on visualise la circulation du Ki : il jaillit du centre, monte à la poitrine et descend le long de l'intérieur des bras, puis il monte à l'extérieur du bras jusqu'à la tête et redescend en douche tout autour de l'extérieur du corps jusqu'aux pieds, pour remonter le long de l'intérieur des jambes jusqu'au centre qui se retrouve alourdi par ce flux d'énergie. Maintenant, il sera impossible de nous soulever.

Encore une fois, la performance varie selon le niveau de l'élève et la force des partenaires qui, eux aussi, ont du Ki, après tout. Il ne s'agit pas de prouver qu'on ne peut pas être soulevé, mais de se rendre compte qu'en contrôlant notre Ki on peut rendre la chose plus difficile, ce qui est déjà assez étonnant.

Ces exercices stationnaires sont importants pour pouvoir adopter une position et une attitude correctes, mais il ne faut pas les confondre avec la pratique de l'Art. Il n'y a rien de statique dans l'Aïkido. L'objectif est d'utiliser son Ki dans le mouvement, de le laisser couler continuellement dans l'application de chaque technique, sans jamais opposer la force à la force.

Les stades de développement

Définir un art martial comme un moyen d'éviter de se battre peut paraître à première vue paradoxal. Mais, comme le dit Victor Hugo, souvent les paradoxes ont «une certaine clarté charmante et bizarre qui illumine les esprits justes et qui égare les esprits faux». Ainsi, pour comprendre l'Aïkido, il faut accepter qu'il vise vraiment cet objectif.

La volonté d'éviter un conflit n'est pas un signe de faiblesse. Un esprit fort veut défendre sa liberté, mais il ne voit aucun avantage dans la destruction de l'agresseur. Il veut tout simplement résoudre tout conflit pour pouvoir continuer en paix ses activités constructives. Or, si on arrive à épuiser l'agressivité émotionnelle qui précède toujours l'agressivité physique, il est possible de résoudre un conflit sans avoir recours à la violence. Percevoir l'agresseur comme quelqu'un ayant un problème d'ordre émotionnel nous amène à comprendre que pour se protéger soi-même, il faut l'aider à résoudre son problème.

À cette fin, dans le Dojo on apprend à esquiver, à déséquilibrer et à contrôler l'attaquant en ayant constamment le souci de ne pas le blesser. Pour y arriver, il faut harmoniser le corps et l'esprit. Cette harmonisation enrichit la nature profonde de l'adepte et l'amène à franchir des stades de développement dans lesquels sa performance physique reflète le développement de son esprit.

On peut comparer ces stades à un labyrinthe dans lequel on fait face à deux directions possibles: l'une qui mène à un cul-de-sac et empêche tout progrès, et l'autre qui permet l'accès à un niveau supérieur et ouvre la voie à un développement ultérieur. Chaque niveau représente des types humains avec toutes leurs qualités et tous leurs défauts. À chaque niveau on rencontre un ennemi, c'est-à-dire un état d'esprit qui nous fige et nous empêche de progresser. Il y a une analogie entre la lutte contre cet ennemi et la pratique d'un art martial.

Dans la vie de tous les jours, il est surprenant de constater qu'une situation émotionnellement chargée suffit parfois à déclencher un comportement régressif même chez des individus réputés pour leur développement. Ce comportement permet de douter de l'authenticité de leur évolution. Mais quand l'épée de l'ennemi s'abat sur soi, on reçoit le coup ou on l'évite: l'esprit martial n'a aucune tolérance envers une victoire qui n'est pas authentique.

Malgré tout cela, avant de considérer l'Aïkido comme la solution à tous les problèmes de comportement, il vaut mieux être prudent. L'Aïkido n'a pas la prétention de rendre l'adepte «meilleur» puisque la signification de ce mot est inconnue dans cet Art. Il prétend plutôt renforcer l'esprit de l'adepte en l'aidant à se connaître et en précisant les traits de son caractère, comme une photo instantanée qui se révèle sous nos yeux.

En Espagne, dans les temps anciens, il y avait des auberges où, plutôt que d'offrir un menu, on apprêtait la nourriture que le client apportait. Évidemment, aussi habile que pouvait être le cuisinier, la qualité du repas variait selon la qualité de la nourriture. Le résultat de l'entraînement est semblable : il est proportionnel au potentiel et à l'effort de l'élève qui, pour progresser, doit apprendre à se connaître sans jamais se mentir à lui-même.

Dans la pratique Zen, une des techniques d'apprentissage consiste à essayer de résoudre un Koan, c'est-à-dire répondre à une question n'ayant pas de réponse exacte ou résoudre un problème n'ayant pas de solution logique. Par exemple, un jour un Roshi, ou maître Zen, demanda à un élève de résoudre le Koan suivant : exprimer sa vraie nature sans utiliser de mots. Après six mois de méditation, l'élève se présenta chez le Roshi avec une solution. Le maître fut gentil, mais il n'était pas satisfait. Après un autre six mois de méditation, l'élève revint avec une nouvelle réponse. Encore une fois, le Roshi n'était pas satisfait, mais il félicita quand même l'élève pour sa ténacité et il l'encouragea à persévérer. Six autres mois s'écoulèrent avant que l'élève soit finalement convaincu d'avoir trouvé la réponse. Cette fois, en rencontrant le maître, il explosa dans un puissant rugissement de lion.

« Menteur ! » s'écria le Roshi en le chassant. Il faut être gentil avec les élèves qui se trompent, mais celui qui ment ne mérite aucune gentillesse.

Dans l'Aïkido, il est futile d'essayer d'être ce que l'on n'est pas. Comme dans le cas du Roshi, à l'œil exercé, non seulement le mouvement révèle le niveau technique de l'adepte, mais il permet d'évaluer le niveau de son développement. Au début, les mouvements de l'élève sont brusques et angulaires parce qu'il ne peut percevoir que les lignes. Il n'arrive pas à se libérer de sa force, son Ki monte aux épaules qui, elles, deviennent rigides. L'élève veut prévoir toutes les possibilités et, comme il est incapable d'appliquer son apprentissage à l'infinité des situations possibles, il interroge constamment l'instructeur sur la réaction exacte à adopter lors de chaque attaque. Il apprend les mouvements par cœur et devient vite frustré s'ils ne se révèlent pas efficaces. Incapable de comprendre que le problème ne réside pas dans la technique mais bien dans son état d'esprit, l'élève insiste pour exécuter machinalement chaque mouvement. C'est le stade de l'identification des règles ; même si ce stade ne laisse aucune place à la créativité, il constitue une première étape tout à fait essentielle à l'apprentissage.

L'ennemi est la peur. La peur d'être mis au défi, la peur d'expérimenter et de prendre des risques. La peur de toute originalité. Le cul-de-sac est la cécité, l'immobilité mentale du conformiste, de l'extrémiste et du fanatique.

Avec la pratique, on découvre le centre de la ligne qui s'enroule sur elle-même pour devenir un cercle. La circularité des mouvements rend ces derniers détendus, souples et harmonieux. On ne bloque plus les attaques, on cherche plutôt à les guider en utilisant leur élan. L'élève croit avoir finalement compris, mais le mouvement est encore à deux dimensions : il manque de profondeur et d'intériorisation. Si le cercle est fermé, on parcourt toujours le même chemin et le progrès est seulement une illusion. À ce stade, on est sensible à la flatterie et on réagit négativement aux critiques du Sensei. On choisit des partenaires qui suivent passivement la technique et, avec eux, on forme des clubs d'admiration mutuelle. C'est une forme d'adolescence bien sympathique dans laquelle on manque de réalisme. On veut tout être et on hésite à rejeter ce que l'on n'est pas. On veut séduire plus que prendre la responsabilité de contrôler, mais on est aussi un terrain réceptif et fertile.

L'ennemi est la clarté. Quand tout apparaît simple et facile, on n'est pas prêt à faire face à l'imprévu ni à s'engager dans un entraînement plus exigeant. Si on croit avoir tout compris, il est difficile d'admettre que l'apprentissage est sans fin, qu'il constitue le travail de toute une vie et qu'il faut continuellement le raffiner et l'adapter à une réalité toujours nouvelle. Le cul-de-sac est la superficialité du bienheureux, du boute-en-train.

Avec la pratique, plutôt que de décrire simplement des mouvements circulaires, on en devient la source. On atteint le centre du cercle qui tourne sur son axe pour se transformer en une sphère.

La technique est spectaculaire. On maîtrise le partenaire non seulement physiquement mais aussi psychologiquement. On peut provoquer ou figer son attaque. On peut baisser son propre centre et on ressent le mouvement du Ki. On peut absorber l'élan de l'attaque ou le faire glisser autour de son territoire. N'étant pas obsédé par la performance, on cherche à mettre de l'originalité dans les techniques qui deviennent de plus en plus personnelles, puisqu'on les adapte à son physique et à sa personnalité. On est apte à assumer des responsabilités et on développe donc des qualités propres au leadership. Mais la sphère qui protège peut aussi garder prisonnier.

L'ennemi est le pouvoir. Si on croit avoir maîtrisé l'Aïkido, on risque de tomber dans l'illusion de pouvoir contrôler toutes les situations. Le dynamisme disparaît et on finit par se figer dans une attitude narcissique. Le cul-de-sac est l'égocentrisme du chef de file, du leader qui a perdu la capacité d'écouter ceux qu'il dirige.

Avec la pratique, on rejoint le centre de la sphère qui explose pour se transformer en une spirale. Le mouvement

devient libre, aisément synchronisé à celui du partenaire. Les techniques sont efficaces et esthétiques, dépourvues de tout effort. On s'amuse et on laisse place à l'humour dans la pratique. On perçoit ses limites, mais on persévère parce que l'on sait qu'il est dans la nature de la spirale de s'étendre sans cesse. On comprend qu'on est seulement une étincelle de vie qui jaillit d'un grand feu, mais puisqu'une étincelle peut allumer d'autres feux, on devient générateur, on veut partager sa connaissance, on aime enseigner et le succès de l'élève devient la seule récompense qui compte.

L'ennemi est le vieillissement. C'est un ennemi contre lequel on ne peut gagner, mais ce n'est pas une excuse pour abandonner la bataille. Le cul-de-sac c'est la perte d'enthousiasme qui amène à laisser l'étincelle s'éteindre avant son temps et à ne pas utiliser son Ki jusqu'à ce qu'il s'épuise naturellement, comme une chandelle dont la flamme a complètement consumé sa cire.

Le Dojo

En entrant dans le Dojo, on enlève ses chaussures et on salue le lieu. Ces gestes, loin d'être vides de signification, rappellent que l'on entre dans un milieu privilégié, dans lequel on s'attend à une attitude particulière.

Après avoir revêtu l'habit de pratique (Gi), l'étudiant s'assure avec ses confrères que le Dojo est propre, parce qu'il est conscient que l'état du lieu reflète l'esprit des adeptes. L'atmosphère n'est pas rigide ni futilement solennelle, on est entre amis, on se respecte mutuellement et on est content de se revoir. Sans être relâché, on se détend. Le sens de l'humour est le bienvenu.

En entrant dans l'espace réservé à la pratique (Tatami), on salue encore et on se recueille pour préparer l'esprit à l'entraînement. On s'assoit donc sur les talons (ou en tailleur, les jambes croisées, si cette position devient trop inconfortable), le centre est en avant, on pousse le menton et l'occiput vers le haut, sans pencher la tête, ce qui donne une légère sensation d'étirement à la nuque. Il est essentiel de maintenir la colonne vertébrale bien droite, comme si ses extrémités étaient étirées. La main droite est appuyée sur la main gauche tandis que les pouces se touchent en formant un cercle.

On inspire par le nez aussi profondément que possible en poussant le diaphragme vers le bas et on expire très, très lentement. On demeure tranquille et immobile, sans se crisper ni devenir rigide.

Dans la méditation, on apaise les remous de la vie quotidienne pour atteindre un état de paix intérieure. Seul avec soi-même, on accepte la responsabilité de ce que l'on est. On entre dans le vide. Mais obtenir cet état est plus difficile que de le décrire. L'esprit est bavard, il s'occupe constamment de détails inutiles, il est facilement distrait. Il faut le faire taire, pour le ramener à l'essentiel.

À cette fin, certaines techniques de méditation utilisent un mantra, un son que l'on répète continuellement, pour arrêter le flot désordonné des pensées, comme un os que l'on jette au chien du conscient pour le distraire et permettre à l'inconscient de se manifester. Mais en Aïkido, aucune distraction n'est permise. L'esprit doit rester toujours alerte. Plutôt que d'utiliser un mantra on s'entraîne à recevoir le désordre des pensées incohérentes et inutiles comme on reçoit les attaques : on ne s'y oppose pas, on les perçoit et on les laisse passer sans qu'elles puissent nous toucher. On reste donc immobile, on respire aisément et on se calme, c'est tout. Les longs exercices de méditation sont recommandés, mais ils sont laissés à la discrétion de l'élève, qui pourra les pratiquer chez lui. Quelques minutes de recueillement avant la pratique sont suffisantes pour préparer l'esprit.

Quand l'instructeur (Sensei) monte sur le Tatami, les élèves sont assis en lignes bien ordonnées, ce qui reflète un état d'esprit discipliné. Dans mon Dojo, en particulier, les élèves moins gradés, qui ne portent pas l'Hakama, sont assis dans la rangée d'en avant et les plus gradés sont alignés derrière eux. Cet arrangement est esthétique et intensifie la sensation d'ordre.

L'instructeur s'agenouille devant le Kamiza, le lieu dans lequel est suspendue la photo du fondateur et, avec toute la classe, il salue le portrait en posant les mains devant lui sur le tapis et en penchant la tête vers le sol.

Souvent les débutants trouvent ridicule l'idée de saluer une photo, mais la présence de l'image du fondateur indique que tous les élèves sont engagés dans le même apprentissage. Le salut met en évidence l'importance de la collaboration et l'absence de tout esprit compétitif. Enfin, l'instructeur et les élèves se saluent, pour souligner l'importance du respect mutuel.

L'entraînement commence avec des exercices d'échauffement qui ont pour but de préparer le corps à la pratique et de minimiser tous les dangers d'accident. Personnellement, j'utilise

de simples exercices de Qi Gong qui favorisent la libre circulation du Ki. Toutefois, n'importe quel exercice est valable, à condition qu'il fasse travailler les articulations qui sont mises particulièrement à l'épreuve durant le cours.

Ensuite, on passe à la pratique des déplacements (Irimi, Tenkan, Tenshin) que les élèves exécutent à l'unisson afin de développer le sens du rythme et de prendre conscience du fait que toutes les techniques se composent d'une combinaison de ces trois mouvements. Habituellement, malgré la longueur de la description, quinze minutes devraient être suffisantes pour compléter cette première partie de la classe.

Enfin, le Sensei fait la démonstration d'un exercice avec un élève de son choix (Uke) puis les élèves se regroupent deux par deux pour le pratiquer. Quand il le juge opportun, l'instructeur interrompt l'entraînement pour souligner ou clarifier un aspect de la technique ou pour faire la démonstration d'une technique différente.

Voilà le déroulement typique d'une séance d'entraînement. Cependant, ce protocole est inutile si le Sensei ne maintient pas la discipline qui est nécessaire pour transmettre la connaissance. À ce propos, il faut examiner les rôles que crée la dynamique des écoles d'arts martiaux.

Sans vouloir mettre en doute le valeur des principes démocratiques, il faut accepter qu'un Dojo est une institution hiérarchique dirigée par le Sensei. Le Sensei est assisté par les élèves avancés qui

reçoivent de lui leur autorité. Il est le capitaine du bateau et la mutinerie est un crime grave. Si on est en désaccord avec la façon dont il gère son école, on reste toujours libre de la quitter.

Cela étant dit, une certaine démystification est à propos. Le mot Sensei est souvent accompagné d'une connotation honorifique qui frôle le ridicule. Or le mot est formé par deux caractères : *Sen* qui veut dire « avant » et *Sei* qui veut dire « né ». La traduction est « celui qui est né avant » et qui par conséquent a plus d'expérience. Évidemment on ne se réfère pas à l'âge mais plutôt à l'expérience dans l'Art. Son rôle est tout simplement d'aider ses élèves à progresser, ce qui est impossible si l'élève ne

lui fait pas confiance et si cette confiance ne se traduit pas par une attitude de respect. L'utilisation du mot Sensei indique tout simplement cette relation spéciale.

Le Sensei ne doit pas se limiter à donner de l'information ou à énoncer des principes. Ce type d'enseignement est utile, bien sûr, mais primaire. Il a la même fonction que l'échafaudage que l'on érige pour bâtir une maison et qui perd toute sa raison d'être une fois la construction terminée. Pour être valable, l'enseignement doit produire une connaissance empirique, une perception originale, une compréhension instantanée et fulgurante qui surprend l'élève et s'intègre à son esprit.

Cette compréhension est moins compliquée que sa description ; en effet, elle s'actualise chaque fois que l'on éclate de rire. Si on doit expliquer une blague, elle n'est pas drôle, la raison n'ayant pas le sens de l'humour. C'est la perception inattendue d'une situation familière qui est comique. On rit malgré soi, sans se poser de questions, et de la même façon on comprend. L'appréciation artistique est un autre exemple de compréhension instantanée. On écrit des ouvrages pour expliquer pourquoi on doit apprécier une œuvre d'art, et on ne nie pas l'importance de ce processus. Bien sûr, l'étude aiguise le goût. Mais au bout du compte, l'œuvre d'art nous parle ou elle ne nous parle pas, c'est tout.

L'instructeur agit donc comme un catalyseur. Dans la pratique, il prépare le terrain, comme un metteur en scène qui présente des situations permettant à l'acteur d'expérimenter, jusqu'à ce qu'il trouve le personnage en lui-même.

C'est un long chemin sans raccourci possible. Comme l'eau ne bout pas avant que sa température ait atteint 100 °C, l'élève ne peut pas apprendre avant d'être prêt. La tâche de l'instructeur est de souffler sur le feu et d'attendre patiemment.

Mais si un jour la compréhension de l'élève s'avère plus complète que celle de son instructeur, cela veut dire que l'instructeur s'est vraiment dépassé lui-même.

Uke

Il y a longtemps, dans le ravin de Lung Men, se dressait un arbre. Un arbre aussi vieux que la mémoire de l'Homme. De son bois, un sorcier fit une harpe. C'était un magnifique instrument, modelé de façon exquise, parfait jusque dans les moindres détails.

Les artistes les plus renommés vinrent jouer de cette harpe. Cependant, même les musiciens les plus habiles n'arrivaient qu'à produire des sons discordants, fort déplaisants à entendre. C'est pourquoi, belle et inutilisable, la harpe se languit pendant des siècles parmi les trésors de l'empereur de Chine.

Mais un jour, vint Pay Ya. Sous la caresse de ses doigts, l'instrument s'éveilla et produisit des sons magnifiques qui évoquaient les souvenirs de l'arbre : les saisons et la nature qui renaît sans cesse, les chants des oiseaux et les luttes des animaux sauvages, le rythme de la pluie et le silence de la glace, les amours, les joies et les peines de ceux qui étaient passés sous l'ombre de l'arbre ou qui s'y étaient reposés.

On demanda à Pay Ya comment il avait réussi à apprivoiser la harpe; il expliqua qu'au lieu de vouloir dominer l'instrument, il l'avait écouté pour pouvoir chanter avec lui.

Comme dans le cas de la harpe, chercher à imposer brutalement sa volonté ne constitue pas l'action la plus efficace.

La digue contient la mer, mais elle ne détruit pas sa force. Si la digue faiblit un seul instant, la mer n'est plus contenue; c'est donc la digue qui est l'esclave de la mer et non vice versa.

On peut dominer un adversaire, mais si on n'épuise pas son agressivité, un effort continu est nécessaire pour maintenir cette domination. Détruire l'adversaire n'est pas une solution plus efficace puisque cette action a pour effet de créer de nouveaux ennemis qui, tôt ou tard, profiteront d'un instant de faiblesse pour nous détruire.

L'Aïkido propose une autre solution. Plutôt que de contrer la force avec la force, il suggère «d'écouter» l'attaquant, de bouger avec lui plutôt que contre lui, de s'unifier à son élan plutôt que de s'opposer à son attaque. De cette façon, on peut le surprendre, le déstabiliser, épuiser son agressivité et rétablir un état de *Ai*, harmonie.

Hélas, cette façon d'aborder le conflit n'est pas simple. Des années d'études sont nécessaires pour appliquer les principes de l'Art de façon efficace.

Il serait difficile de justifier l'utilité d'un tel effort pour un individu équilibré vivant dans une société organisée, où il peut espérer ne jamais être confronté à la violence physique. Mais aucune société ne nous met à l'abri de la violence psychologique. Or l'Aïkido enseigne une stratégie qui s'applique autant dans les conflits d'ordre physique qu'émotionnel, donc dans toutes les formes de négociation. La confrontation physique constitue une analogie.

Dans ce contexte, le rôle de Uke, l'attaquant, est de fournir à son partenaire les conditions les plus favorables pour que celui-ci apprenne à appliquer cette stratégie.

La performance de Uke demande de la subtilité, de l'habilité et de la concentration ; elle demeure tout aussi vitale à l'apprentissage de l'Art que l'exécution des techniques.

Les attaques

L'attaque ne doit jamais être statique. Son énergie cinétique doit être dirigée vers le centre de Nage, tout au long de l'exécution de la technique, jusqu'à ce que le déséquilibre se traduise par un contrôle ou une projection.

L'attaque doit être engagée et uniforme et, tout en restant réaliste, elle doit être exécutée à une vitesse relative au degré d'habilité de Nage.

Entre Uke et Nage, il faut de la complicité mais jamais de la complaisance. Feindre d'attaquer ou céder passivement à la technique rend la pratique futile, offrir une résistance entêtée la rend dangereuse et désagréable.

Si les attaques se suivent en un flot continu sans devenir désordonnées ou saccadées, on peut répéter la même technique indéfiniment sans que ce soit une perte de temps, car la relation spatiale entre les partenaires n'est jamais la même et la pratique consiste à s'y adapter constamment. Dans cet esprit, comme Uke et Nage progressent ensemble, les attaques et les techniques deviennent graduellement plus exigeantes et plus rapides.

En théorie, les techniques autant que les attaques sont en nombre infini. En pratique, que l'attaque soit un coup porté avec le tranchant de la main, un coup de poing, un coup de pied ou que cette attaque soit exécutée avec un objet ou une arme, il faut la percevoir comme un vecteur d'énergie. Il y a seulement trois directions qui permettent à cette énergie d'atteindre son objectif : en ligne droite, latéralement ou vers le dos de la cible, c'est tout. Dans la pratique, il faut se concentrer sur la façon de contrôler ces trois vecteurs d'énergie.

Offrir des attaques fantaisistes s'avère peu utile puisque si on cherche à couvrir toutes les possibilités, on risque de faire oublier au partenaire que, tôt ou tard, il devra faire face à une situation qu'il n'a pas prévue. C'est justement cette situation qui constitue le vrai test de l'apprentissage puisqu'elle révèle si l'adepte a appris seulement des techniques ou s'il a aussi intégré des principes.

Les chutes

Uke doit attendre d'être déséquilibré avant de chuter, de telle sorte que si la technique n'est pas correctement effectuée, on perçoit la maladresse du mouvement.

Mais comme la nature même des techniques est de renvoyer la force de l'attaque vers l'attaquant, plus l'attaque est engagée, plus la chute est violente. Pour pouvoir pratiquer d'une façon réaliste, Uke doit donc apprendre à chuter sans se blesser tout en évitant d'effectuer des chutes inutilement spectaculaires. La chute doit être proportionnelle à la force de l'attaque et à la puissance de la technique. On chute pour se protéger et la plus belle chute est celle qui ne cause ni douleurs ni sensations désagréables.

Il y a trois types fondamentaux de chutes : en arrière, roulée et frappée. La chute vers l'arrière s'avère la plus simple et s'applique lorsque le déséquilibre est vers l'arrière. Sans arrêter son élan, on laisse descendre le centre et on glisse en avant, pour tomber sur le dos de façon que l'impact soit minimisé.

Pour pratiquer ce type de chute, on imagine qu'en marchant le pied arrière est subitement bloqué dans son mouvement par un obstacle. Sans s'arrêter, on se laisse descendre, assis sur les talons, et on roule par-dessus l'épaule jusqu'à ce que l'on se retrouve debout.

Si le déséquilibre est en avant, il faut rouler dans cette direction. On se recroqueville autour de son centre, devenant aussi compact que possible, on étend un bras légèrement courbé au-dessus de la tête et on roule sur ce bras, que l'on garde ferme mais non rigide, de façon que le poids du corps s'y trouve distribué tout au long de la chute. Avec la pratique, on doit arriver à accomplir cette chute sans que le bras ne touche le sol.

Si en déséquilibrant Uke, Nage maintient sa prise, il peut être impossible de rouler; on doit donc tourner dans l'air autour de son centre et atterrir en distribuant l'impact le long du corps sur une surface aussi grande que possible. On appelle cette chute «frappée» parce que, au moment où le corps touche terre, on frappe le sol avec le bras en le laissant rebondir pour minimiser l'onde de choc. Si la chute est exécutée convenablement, elle n'est ni désagréable, ni pénible, ni dangereuse, elle sera tout simplement l'achèvement de l'élan de l'attaque.

Tant qu'une bonne disposition d'esprit est maintenue dans la relation entre Uke et Nage, la pratique est toujours agréable, mais attention, cette relation n'est pas exempte de pièges. Si un esprit compétitif s'insinue dans la pratique, celle-ci devient inutile et dangereuse. Tout apprentissage devient alors impossible.

Bien souvent j'ai vu des élèves avancés et même des instructeurs appliquer les techniques sans aucun souci pour la sécurité de Uke. J'ai même entendu des élèves avancés se vanter des blessures accumulées pendant la pratique, en justifiant le tout avec l'affirmation que l'Aïkido est un art martial. On oublie évidemment que « martial » ne veut pas dire brutal. On demeure responsable du dénouement du conflit. Nage doit toujours être en mesure d'adapter la puissance de sa technique à l'habileté de Uke. Un accident est toujours un signe indéniable d'incompétence dans l'exécution de la technique. Blesser ou se blesser pour maintenir en santé le corps et l'esprit ne constitue pas un paradoxe : c'est une contradiction qui ne peut pas faire partie de l'esprit de l'Art. Puisque Uke prête son corps à Nage pour l'aider à progresser, celui-ci a le devoir d'en prendre soin.

Hanmi

On appelle «Hanmi» la posture que l'on doit toujours maintenir pendant la pratique. Cette posture favorise une circulation optimale du Ki et garde l'énergie cinétique en avant (extension du Ki). Elle ne laisse aucune ouverture et maintient une grande mobilité. Toutes les techniques pratiquées dans l'Aïkido consistent à retrouver constamment cette position dans le mouvement; c'est pourquoi on doit s'y exercer sans cesse, jusqu'à ce qu'elle devienne une seconde nature.

Les pieds sont alignés et confortablement écartés. Un pied pointe vers l'avant et forme avec le pied arrière un angle de 90°.

La jambe avant est légèrement pliée, le genou aligné droit devant soi, tandis que la jambe arrière est tendue mais pas rigide.

La jambe arrière pousse le centre vers l'avant, pendant que celle de devant freine le mouvement. Aucun déséquilibre n'est permis.

Les hanches sont complètement tournées vers l'avant, le poids du centre est distribué également entre les jambes.

Les bras sont levés devant le corps comme si on tenait entre ses mains un sabre (Katana), pointé sur la gorge du partenaire.

Les mains sont ouvertes de façon naturelle, jamais crispées, et les doigts sont légèrement écartés, ce qui maintient une sensation d'énergie qui jaillit du centre et s'écoule à travers l'épée imaginaire. La pratique du Bokken, ou épée de bois, est excellente pour développer cette sensation.

L'épine dorsale est bien droite et il ne faut pas sortir le fessier.

Les épaules sont basses et détendues, ce qui permet de distribuer uniformément la tension à travers tout le corps.

La tête ne doit pas être inclinée. Le menton légèrement en avant permet de redresser la base du nez entre les sourcils.

L'occiput est poussé vers le haut, ce qui provoque une légère tension des tendons postérieurs du cou.

Les yeux, en n'observant rien en particulier, sont sensibles à chaque mouvement, ce qui permet de voir le partenaire sans véritablement fixer son regard sur lui. On évite le mouvement des pupilles et le battement des paupières.

Les muscles faciaux sont détendus, sans grimace, l'esprit est calme.

Cette posture devant être tout à fait naturelle, un observateur ne devrait rien remarquer de spécial.

Dans cette position, le corps prend grossièrement la forme d'une pyramide régulière dont toutes les parties sont en équilibre autour du centre de gravité. Plus ce centre est bas, plus un impact pourra déplacer la pyramide, sans la renverser.

Cette position est stable mais elle ne doit jamais être statique. On doit avoir la sensation que la jambe arrière pousse le centre, pendant que la jambe avant freine. Cet élan produit une tension dynamique qui permet de se déplacer aisément et instantanément, toujours vers l'avant, sans se laisser entraîner par l'esprit compétitif de l'attaquant.

Cette tension dynamique garde l'esprit alerte et doit être maintenue en tout temps. Son importance est mise particulièrement en relief lorsqu'on s'exerce avec plusieurs partenaires qui attaquent simultanément. Se déplacer continuellement vers l'avant en suivant le rythme des attaquants est vital pour maîtriser la situation. Cette mobilité permet de protéger le dos, de garder les partenaires à la distance optimale et de les obliger à attaquer franchement, sans possibilité de feinte.

Les déplacements

Dans la pratique de l'Aïkido, il y a trois déplacements, et seulement trois : Irimi, Tenkan et Tenshin. Grâce à ces déplacements, on peut avancer, tourner, prendre du recul et éviter toute collision avec la cinétique de l'attaque en maintenant continuellement la position de base (Hanmi).

Toutes les techniques sont constituées par l'enchaînement de ces déplacements qui, effectués de façon naturelle, permettent de maîtriser les principes de l'Art, soit la détente, la concentration, la spontanéité, le contrôle du centre, le mouvement vers l'avant et l'extension du Ki.

Irimi, Tenkan et Tenshin sont comme trois notes musicales. Les techniques s'orchestrent comme une symphonie dans laquelle les combinaisons, la permutation, la durée et le rythme de ces trois notes permettent des variations infinies.

Ces déplacements devraient être pratiqués au début de chaque leçon, même par l'étudiant le plus avancé, comme le musicien accompli qui pratique encore des gammes. Mais comme les gammes ne constituent pas une symphonie, la pratique des déplacements est profitable seulement si on arrive à les utiliser intuitivement dans le contexte de l'attaque. À cette fin, il faut apprendre à percevoir le vide.

Ce qui est plein est statique parce qu'il ne peut rien recevoir. Le vide, au contraire, est une source de dynamisme parce qu'il est réceptif. Toutes choses peuvent donc se déplacer naturellement vers lui.

Un maître Zen essayait d'instruire un disciple qui était convaincu de tout savoir. Un jour, alors qu'ils prenaient le thé ensemble, après avoir rempli la tasse du disciple, le maître continua à verser le thé en le laissant déborder sur la table. «Je ne peux pas te donner mon thé si tu ne vides pas ta tasse, tu ne peux pas recevoir mon enseignement si tu ne vides pas ton esprit», expliqua le maître avec une clarté très rare dans cette philosophie.

Le vent représente un autre exemple. On dit que le vent souffle. En effet, le vent est causé par une zone de basse pression, qui crée un vide dans lequel se jette l'air autour. Donc, plutôt que de souffler, le vent est aspiré par le vide, de même que la maladie et la violence sont aspirées par un état de faiblesse. Quand on déplace une roche dans l'eau, l'eau remplit la place qui était occupée par la roche. De la même façon, la

Irimi

dynamique de l'attaque (physique autant que psychologique) laisse toujours un vide que l'on peut combler sans rencontrer aucune résistance.

Apprendre à créer un vide dans lequel on aspire l'attaque, apprendre à percevoir le vide dans le mouvement du partenaire, l'occuper avec notre centre et de là diriger son élan est l'essence de toutes les techniques de l'Art.

Irimi signifie « entrer » ou « marcher vers l'avant ». Le déplacement consiste à avancer vers l'attaquant pour le déséquilibrer ou pour gagner son côté arrière, position qui le rend vulnérable et à partir de laquelle il est possible de maîtriser son élan.

Ce mouvement est semblable à l'action de passer une porte tournante. Si on pousse sur le pivot, la porte ne bouge pas, tandis que si on pousse sur la porte elle-même, elle tourne autour du pivot et on peut suivre son mouvement. Si on pousse trop fort, on reçoit sur le dos le battant arrière, et si on arrête de pousser, on se retrouve pris entre les deux battants.

La vitesse relative de ce mouvement est la somme de l'énergie cinétique de Uke (l'attaquant) et de Nage (celui qui exécute la technique) comme celle de deux trains qui roulent côte à côte en direction opposée.

Comme tout mouvement dans l'Aïkido, l'exécution de Irimi est la conséquence d'une attitude. Être en Irimi veut dire être alerte, capable de reconnaître et de corriger une situation de désordre avant qu'elle ne dégénère.

Tenkan

Tenkan veut dire « pivoter » ou « tourner ».

Le déplacement consiste à tourner les hanches, pivotant sur son centre pour laisser passer l'énergie de l'attaquant devant soi. Suivant la rotation des hanches, on fait un pas en arrière et on se trouve donc en position de Hanmi à côté du partenaire, tourné dans la même direction que lui, pendant que la jambe de derrière maintient toujours l'impulsion du centre en avant.

Ce déplacement ralentit l'élan de l'attaquant et permet d'utiliser sa réaction pour le maîtriser.

Le mouvement est semblable à celui d'un torero qui esquive l'élan du taureau en lui faisant suivre sa cape dans un mouvement circulaire pour arriver à l'immobiliser.

L'attitude qui génère le mouvement est le réalisme, la capacité d'évaluer une situation et de déterminer le moment opportun pour contourner un obstacle que l'on n'est pas en mesure de surmonter autrement.

Pour reprendre l'analogie du vide, on peut dire qu'en Irimi on se déplace vers le vide, pendant qu'en Tenkan on crée un vide pour aspirer le mouvement du partenaire.

Tenshin veut dire « se déplacer vers l'arrière », mais il ne faut pas confondre cette traduction avec reculer, mouvement qui n'existe pas en Aïkido, puisque la dynamique du mouvement doit être toujours dirigée vers l'avant.

Synchronisant son mouvement avec celui de l'attaquant, on se déplace dans la direction opposée en maintenant un

Tenshin

angle de 45° avec la direction de l'attaque. On se retrouve donc à la même distance du partenaire qu'avant l'attaque, en ayant frustré sa volonté de nous blesser.

Il faut exécuter ce mouvement en concentrant son attention sur le partenaire, comme si, étant trop près d'un tableau, on devait prendre de la distance pour mieux l'observer.

Puisque les deux partenaires se déplacent à la même vitesse, leur relation dans l'espace ne change pas, et le déplacement réalise une sorte d'immobilité dans le mouvement.

Effectuer correctement ce déplacement entraîne à développer la capacité d'attendre le moment opportun pour agir sans se laisser entraîner par ses émotions.

Irimi et Tenkan sont deux manières de rencontrer l'élan de l'attaque. Tenshin est comme une pose dynamique qui permet de rétablir dans l'espace la relation avec le partenaire.

Presque toutes les techniques peuvent être effectuées en Irimi ou en Tenkan. Le choix de l'une ou l'autre des versions dépend de la force et de la rapidité de l'attaque, de l'orientation de son énergie et de la direction dans laquelle on désire se déplacer, en un mot tout dépend de la dynamique de la situation. Seule l'intuition, aiguisée par de longs entraînements, peut dicter un tel choix.

La stratégie

Un musicien, qui était reconnu pour avoir atteint un niveau d'excellence incomparable, décida un jour de vérifier l'effet de sa musique sur les animaux sauvages. À cette fin, il se rendit dans une forêt.

Sa musique était si merveilleuse qu'aucun des animaux ne l'attaquait ; de plus, lorsqu'ils l'entendaient jouer, ils en oubliaient même de se battre entre eux.

Un jour, alors que le musicien jouait entouré d'animaux perdus dans l'extase de sa musique, un lion arriva et, sans hésitation, le dévora. Les autres animaux, horrifiés, s'écrièrent à l'unisson, en lui demandant comment il avait pu faire une chose aussi terrible. « Quoi ?... » dit le lion en posant un patte derrière l'oreille.

Il était sourd...

Le monde abonde en lions sourds, on cultive la rose blanche pour eux aussi, mais il ne faut pas leur permettre de l'abîmer. Il faut être alerte et apprendre à les reconnaître. Avec eux, tout dialogue est impossible et, puisque leur agression ne peut pas être contrée par des arguments rationnels, il faut appliquer une technique différente.

La première étape consiste à esquiver l'impact de l'agression puisqu'une fois que l'on est assommé, la technique la plus flamboyante n'est pas très utile.

Mais esquiver l'attaque n'est pas suffisant, d'autres attaques suivront immédiatement et il serait futile de chercher à les éviter sans fin. Épuiser l'agressivité de l'attaquant constitue le seul moyen de résoudre le conflit de façon permanente.

Pour y arriver, il faut surprendre l'attaquant, il faut le distraire et le forcer à se réorienter continuellement en se déplaçant sans qu'il puisse prévoir la direction du mouvement. Il faut se maintenir «à côté» de sa ligne d'action, le garder en mouvement sans lui donner aucun point d'appui. Il faut le fatiguer sans l'exciter, jusqu'à ce qu'il parvienne à diriger son agressivité ailleurs (projection) ou jusqu'à ce qu'on atteigne chez lui un point vulnérable grâce auquel on peut le convaincre d'écouter (contrôle).

Enfin, il faut lui donner une porte de sortie pour qu'il puisse sauver la face et lui permettre d'affirmer qu'il ne nous a jamais voulu de mal (harmonisation).

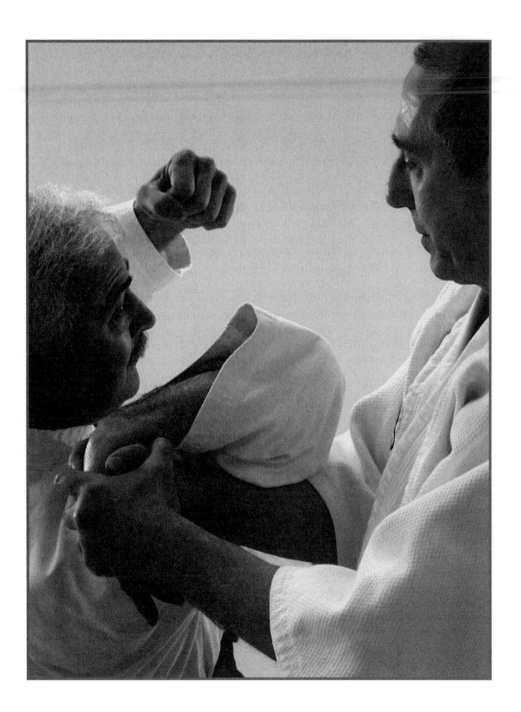

Le mouvement du corps suit le mouvement de l'esprit et, toute proportion gardée, la même stratégie s'applique dans tous les types de confrontation, qu'elle soit physique ou émotionnelle. Dans les deux cas, le point clé consiste à détourner l'agressivité de l'adversaire.

Ce principe est bien illustré par cette légende ancienne :

Un général avait capturé son ennemi et l'avait condamné à mort. Le bourreau avait déjà soulevé la hache, prêt à lui couper la tête, lorsque le prisonnier s'adressa au général : «Tu peux tuer mon corps, s'écria-t-il, mais tu ne peux pas détruire mon esprit qui restera sur la terre pour te poursuivre. Rien ne pourra te protéger de ma haine, je te le jure.» Les yeux exorbités, la bave à la bouche, même réduit à l'impuissance, son apparence était terrifiante.

«Tes mots son vains, ton esprit mourra avec ton corps», lui répondit le général. En disant cela, il prit une pierre et la jeta à côté de son ennemi. «Je te défie de prouver ta force. Quand on t'aura coupé la tête, si tu es aussi fort que tu le prétends, fais-la rouler jusqu'à cette pierre et mords-la. Si tu es capable de faire cela, alors je pourrai te croire.» Sur ces mots, le général fit signe au bourreau de l'exécuter.

En tombant par terre, la tête de l'ennemi roula vers la pierre et il la mordit. Un murmure de terreur se leva dans l'entourage du général, mais celui-ci resta tranquille et regarda la tête de son ennemi avec un sourire de triomphe.

« L'esprit de cet homme était vraiment fort, expliqua le général. Il aurait très bien pu me persécuter même après sa mort. La haine qu'il avait contre moi était puissante, mais j'ai réussi à la détourner vers cette pierre. Pour me prouver sa force, il a épuisé son énergie. Maintenant, je peux dormir tranquille. »

Que le conflit soit physique ou émotionnel, l'efficacité de la stratégie est proportionnelle à la capacité de l'appliquer en temps réel. Pour diriger l'esprit de l'adversaire, il faut devenir fluide, saisir son rythme et percevoir le vide. La pratique dans le Dojo vise précisément à développer cette qualité.

L'esquive

L'esquive doit être synchronisée avec l'attaque. Si on se laisse dominer par le rythme de l'adversaire et que l'on bouge trop tôt, on se retrouve dans une position de vulnérabilité; si on se déplace trop tard, c'est justement trop tard.

Il ne faut pas percevoir l'attaque comme un coup de pied ou un coup de poing, mais comme une manifestation de la volonté de l'homme derrière l'attaque. C'est cette volonté qu'il faut saisir, éviter et maîtriser.

Si l'adversaire est statique, il faut bouger sans précipitation pour le forcer à nous traquer, tout en gardant une distance qui nous maintient en dehors de sa portée.

Il ne faut pas se laisser distraire par les mouvements préliminaires de Uke ni par la direction de son regard. Il faut ignorer ses feintes. Si on reste calme et vif, on pourra percevoir la direction de son centre : celui-ci ne peut pas mentir et révèle la vraie direction de l'attaque.

En tournant, il ne faut pas suivre Uke du regard, ce qui aurait pour effet de diriger notre attention vers l'arrière, alors que l'esprit doit toujours être dirigé vers l'avant.

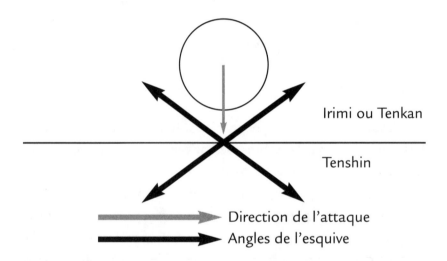

Irimi ou Tenkan

Tenshin

→ Direction de l'attaque
→ Angles de l'esquive

Au moment où l'adversaire visualise son attaque, quand son corps a déjà initié le mouvement, on se déplace en Irimi ou en Tenkan, dans une direction formant un angle de 45° avec la direction de l'attaque. De cette façon, il devient possible de gagner le côté arrière de l'attaquant, position de choix pour le déséquilibrer.

Si la dynamique de la situation ne permet pas ce mouvement, on doit, avant de l'exécuter, prendre de la distance (Tenshin) en

suivant l'élan de l'attaque et en gardant toujours un angle de 45°
avec sa direction. Puis, on se déplace immédiatement vers l'arrière
de Uke.

On ne doit jamais décider d'un déplacement avant de
l'exécuter parce que le choix doit être spontané. En tout
temps, il est essentiel de maintenir la positon de garde
(Hanmi).

Si on se déplace au moment même où Uke prévoit nous
atteindre, il ne rencontrera aucune résistance et il sera donc
entraîné par son mouvement, comme s'il cherchait à défoncer
une porte qui n'est pas barrée.

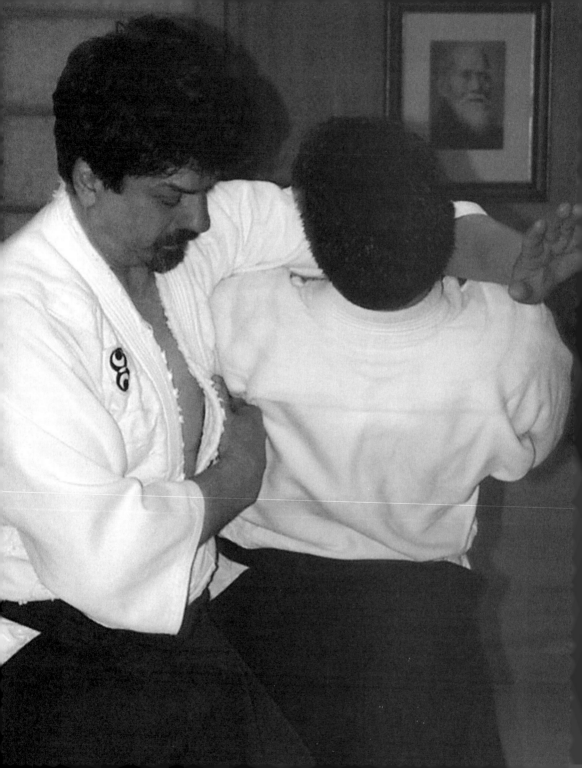

Le déséquilibre

Quatre positions sont efficaces pour déséquilibrer l'attaquant. Elles se situent à 45° de la ligne le long de laquelle le centre de Uke se déplace.

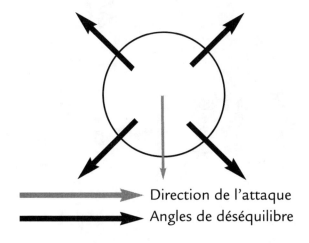

Direction de l'attaque
Angles de déséquilibre

Après l'esquive, alors que le corps de Uke est encore en mouvement, si on le pousse dans une des quatre directions, il sera déséquilibré et incapable d'utiliser sa force.

En suivant le rythme de l'attaque, il est aussi possible de rencontrer l'attaquant tout en évitant son impact. Par exemple, en avançant vers Uke, on peut pousser son bras pendant qu'il se lève pour frapper. Dans ce cas, le bras fournit un levier qui permet de déplacer le centre de Uke en effectuant en même temps l'esquive et le déséquilibre.

Il faut être toujours attentif à tous les changements de direction dans les mouvements de Uke, puisqu'au moment où le centre de l'attaquant se déplace, les angles de déséquilibre se déplacent aussi. On doit constamment y adapter le mouvement, comme le marin qui ajuste les voiles aux moindres variations du vent.

Il faut toujours diriger le mouvement vers l'avant, c'est-à-dire qu'il faut pousser Uke et ne jamais le tirer, ce qui aurait pour effet de diriger à nouveau vers soi l'élan de son attaque.

Pour utiliser sa force, Uke a besoin d'un point d'appui qu'il ne trouvera pas si on le garde constamment en mouvement. De plus, son poids jouera contre lui en intensifiant son déséquilibre.

Il faut éviter tout brusque changement de direction, ce qui aurait pour effet de ralentir le mouvement. Comme une voiture de course dans un virage, Nage doit toujours se déplacer suivant une trajectoire d'ampleur proportionnelle à sa vitesse.

La rapidité doit être le résultat d'une économie absolue de mouvement, de sorte qu'en évitant toute action superflue, on arrive à maintenir la vitesse globale du mouvement indépendamment d'une forme physique que l'on ne peut pas garantir en tout temps et qui se détériore inévitablement avec l'âge.

Le contrôle

Même si le déséquilibre n'est pas suffisant pour faire tomber Uke, il permet d'appliquer le principe du levier sur ses articulations, sans qu'il puisse résister.

Avec cette méthode, il est relativement facile de disloquer une articulation, mais dans l'Aïkido, même dans sa forme la plus rudimentaire, on veut maîtriser l'adversaire sans le blesser. On préfère donc tordre les articulations dans la direction vers laquelle elles se plient naturellement, ce qui a pour effet d'étirer les tendons, de bloquer la circulation du Ki et de provoquer une douleur suffisante pour décourager l'attaquant.

Cette méthode est très rationnelle, mais elle n'est pas toujours facile à appliquer dans une situation statique sur un adversaire physiquement plus puissant. Avant de l'appliquer, il faut déséquilibrer l'adversaire pour l'empêcher de résister.

Pendant le déplacement, il faut être conscient des ouvertures. Si on a convenablement gagné un des angles de déséquilibre, la relation entre Uke et Nage est telle qu'il est toujours possible de porter un Atemi, c'est-à-dire être en position de frapper Uke sans qu'il puisse bloquer ou esquiver le coup.

On peut laisser Uke prendre conscience de cette ouverture pour réduire son agressivité; toutefois, s'abstenir de frapper prouve qu'on a intégré le principe de l'Art en refusant de devenir soi-même l'agresseur. De plus, c'est le seul moyen d'atteindre l'étape ultime, soit l'harmonisation.

Mais dans l'Art, la sincérité est toujours de rigueur. Puisque le pacifisme de celui qui ne peut pas se défendre a autant de valeur que la générosité de celui qui n'a rien à donner, apprendre à percevoir l'ouverture, et donc être en mesure de blesser l'adversaire, est important parce que cela permet d'y renoncer.

Le rythme

Dans la pratique, il faut accomplir toutes les techniques sans variation brusque de vitesse, de sorte que le mouvement global soit équilibré dans son ensemble. Cela est essentiel pour obtenir la maîtrise du mouvement et pour le synchroniser avec l'attaque.

Chaque déplacement est comme une note musicale dans une partition. La valeur relative des notes détermine le rythme de la technique.

En effet, on se familiarise avec la technique de la même façon qu'un musicien lorsqu'il apprend à jouer un morceau de musique. Il doit d'abord trouver les notes et leur valeur exacte sans se soucier de la vitesse à laquelle il joue. Puis, lorsque le morceau devient familier, il peut, à l'aide d'un métronome, augmenter la vitesse tout en maintenant le rythme.

De plus, en exécutant une technique, il ne faut pas tomber dans le piège de l'individualisme aveugle, comme ce musicien qui, jouant au sein d'un groupe, avait remarqué dans la salle un critique des plus renommés. À la fin du concert, avide de compliments, il s'approcha du critique pour lui demander son opinion. Celui-ci resta d'abord vague et ne parut point impressionné.

« Mais dites-moi, insista le musicien, le rythme... que pensez-vous du rythme ?

— Ah ! le rythme était excellent, répliqua alors le critique, spécialement le vôtre. »

Comme dans le cas du musicien, celui qui pratique l'Aïkido n'est pas un soliste : son habileté technique est vaine si son rythme n'est pas synchronisé avec celui des attaquants.

D'un autre côté, si le rythme est approprié, on cesse de s'inquiéter de la vitesse et des détails techniques du mouvement, puisque le déplacement d'une partie du corps entraîne naturellement le déplacement harmonieux du reste.

Voici ce qu'en dit Miyamoto Musashi : « Dans l'exécution de toutes tâches, on tergiverse sur la rapidité ou sur la lenteur tant que l'on n'est pas en harmonie avec le rythme... L'action de l'expert semble lente mais elle ne s'écarte jamais du rythme. »

Cependant, l'importance du rythme ne se limite pas à l'exécution des tâches. Pour se déployer d'une façon harmonieuse, le mouvement même de la vie ne peut jamais s'écarter du rythme qui lui est propre.

Si on observe par exemple les battements du cœur, la respiration ou l'activité de n'importe lequel des organes, on perçoit un rythme qui adapte leurs fonctions à un environnement continuellement changeant. La santé dépend de ce rythme ; s'il est perturbé, le corps tombe malade.

L'esprit et la pensée aussi ont un rythme. Si ce rythme est bouleversé, l'esprit devient embrouillé et la pensée devient obsédée.

Enfin, le rythme de l'énergie que l'on appelle « Ki » est la pulsion de la vie qui équilibre le corps, l'esprit et l'environnement comme un chef d'orchestre qui maintient en harmonie des musiciens, chacun jouant d'un instrument différent.

Puisque l'étude de l'Aïkido vise à développer la capacité de maintenir en tout temps le mouvement harmonieux du Ki, il serait erroné de réduire l'Art à un système de défense personnel. Avec la pratique, il doit évoluer vers une stratégie qui, dans toute confrontation émotionnelle, permet de faire face à l'agression psychologique, pour conduire enfin à une thérapie qui s'adresse autant à l'esprit qu'au corps.

Les grades

Suivant la tradition japonaise des arts martiaux, dans l'Aï-kido l'élève doit franchir cinq étapes ou Kyu avant de porter la ceinture noire. Celle-ci, loin d'être un point d'arrivée, signi-fie que l'adepte a acquis les notions de base qui vont lui per-mettre de commencer son apprentissage. Après la ceinture noire, les étapes se mesurent en Dan. Après le troisième Dan, il n'y a plus d'examen puisque l'on considère que l'élève a maîtrisé la technique. C'est pourquoi les Dan suivants sont honorifiques.

Évidemment, le développement spirituel d'un individu ne se mesure pas en grades. Encore plus absurde est l'idée d'évaluer ce développement avec un examen. Le système de grades a tou-tefois une raison d'être dans le contexte du Dojo parce qu'il détermine le niveau de responsabilité de l'élève.

Ce point est souvent mal compris et l'élève perçoit le grade comme un objectif à atteindre, un peu comme un trophée ou une médaille qui témoigne d'un accomplissement, d'un moment particulier. Il est évident qu'un individu jeune et athlétique peut être physiquement très performant dans une situation d'examen où on lui demande d'exécuter des techniques. Mais ce type d'accomplissement éphémère n'a aucune valeur dans l'Aïkido, puisque l'instructeur n'est pas intéressé à évaluer la performance acrobatique. Il veut plutôt voir si l'élève a acquis la compétence et la maturité nécessaires pour assumer des responsabilités additionnelles dans le cadre de son implication au sein du Dojo.

Cette évaluation n'a aucune valeur si elle n'est pas confirmée par le comportement de l'élève suite à l'obtention de son grade. En d'autres mots, si l'élève assume un grade, il s'engage à être à la hauteur des responsabilités que ce grade comporte. Puisque la valeur du grade est proportionnelle au niveau d'exigence de l'instructeur, plus l'instructeur est exigeant, plus grande est la valeur du grade. À chaque étape, l'élève doit donc comprendre ses attentes. Ces attentes peuvent varier suivant la personnalité du Sensei, mais en général elles sont formées de caractéristiques communes à tous les Dojo.

Le grade de 5e Kyu comporte la connaissance de l'étiquette et des règlements du Dojo. L'élève doit être capable d'attaquer, de chuter convenablement et d'exécuter des techniques de base lentement et calmement, de façon à montrer qu'il connaît les déplacements et fait la distinction entre Irimi et Ura. Avec ce grade, l'élève devient officiellement membre de l'école dont il portera l'écusson. Il comprend, de plus, que son adhésion sous-entend l'acceptation et le respect de la structure et de la hiérarchie du Dojo.

Au grade de 4ᵉ Kyu, il faut être en mesure d'attaquer avec précision et de chuter en toute sécurité. L'élève doit pouvoir exécuter sans hésitation ni précipitation des techniques de base demandées par l'examinateur, et ce dans le but de démontrer la précision des déplacements. En appliquant les techniques de son choix, il fait preuve de flexibilité dans l'accomplissement d'un répertoire varié. À ce niveau, l'élève est conscient de l'importance de la discipline et de l'ordre. Il veille à ce que le Dojo soit toujours d'une propreté impeccable et son souci de la forme se reflète dans la technique.

Au grade de 3ᵉ Kyu, l'élève doit commencer à contrôler son Ki. Faisant face simultanément à plusieurs attaquants, il doit être en mesure d'évaluer les limites de Uke pour ne jamais mettre celui-ci en danger. Dans la défense contre les armes (Tanto, Jo et Bokken), il fait preuve de concentration et de calme. À ce grade, l'élève porte l'Hakama qu'il accepte comme source de responsabilités et non de privilèges. Il s'applique à aider les débutants et veille à ce que la pratique se déroule en tout temps dans une atmosphère agréable et disciplinée.

Au grade de 2ᵉ Kyu, l'élève doit exécuter chaque technique avec fluidité et détermination afin de démontrer le contrôle du centre et la spontanéité dans le mouvement. À ce niveau, l'élève fait preuve d'initiative dans l'exécution des tâches nécessaires au bon fonctionnement du Dojo.

Le grade de 1ᵉʳ Kyu comporte la capacité d'affronter simultanément plusieurs attaquants pour démontrer la maîtrise d'un large répertoire de techniques et la conscience des ouvertures et des Atemi possibles. L'élève doit pouvoir manier les armes avec calme et précision. À ce stade, on commence à donner des cours pour se familiariser avec la méthode pédagogique de l'Art.

Avec le grade de Shodan (1ᵉʳ Dan), l'élève porte la ceinture noire. Les Ceintures noires, soucieuses de maintenir le style et la philosophie de l'école, assistent l'instructeur en chef dans son enseignement, le conseillent dans ses décisions, le remplacent en son absence et sont directement responsables du caractère sécuritaire de la pratique.

Au niveau de Nidan (2ᵉ Dan), la pratique et l'esprit de l'Art sont une partie intégrante de la vie de l'étudiant. Reconnaissant de l'enseignement qu'il a reçu, il met ses efforts en œuvre afin de maintenir les standards d'excellence de l'école.

Les techniques

Pour décrire les techniques, on doit les décomposer en différentes parties, et puisqu'il faut les effectuer dans un mouvement continu du début à la fin, un livre ne constitue pas un médium de choix pour les exposer. Les vidéocassettes et les vidéodisques sont, à cette fin, plus appropriés, mais rien dans l'apprentissage de l'Art ne peut remplacer l'enseignement d'un instructeur compétent. C'est pourquoi, plutôt que d'utiliser des photos pour illustrer chaque étape d'un mouvement, j'ai choisi de les employer pour présenter l'ensemble du mouvement ou pour mettre l'accent sur les détails auxquels il faut prêter une attention particulière.

La plupart des techniques peuvent s'exécuter dans la version Omote ou Ura, c'est-à-dire avec un déplacement en Irimi ou en Tenkan. Présenter systématiquement les deux versions serait répétitif, mais pendant l'entraînement, il est important de faire une distinction claire entre les deux formes.

Dans le texte, on appelle Uke celui qui attaque et Nage celui qui effectue les techniques.

La pratique à genoux (Suwari Waza), le maniement des armes comme le bâton court (Jo), l'épée (Bokken) et le couteau (Tanto), ainsi que les mouvements de défense contre ces armes font partie de l'entraînement avancé et ne seront donc pas illustrés dans cet ouvrage.

Les contrôles

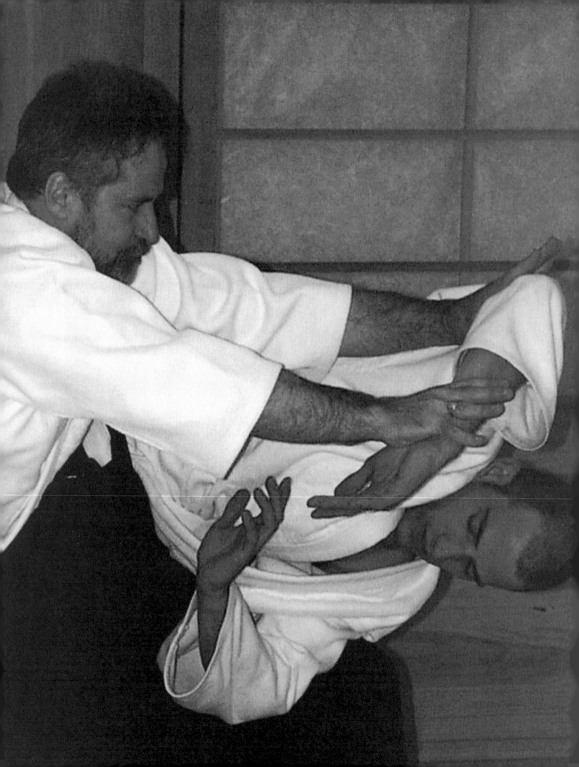

Ikkyo Omote

Nage se déplace en Irimi et, les bras en extension devant lui, il pousse fermement le coude de Uke vers son visage. Pour maintenir son équilibre, Uke doit tourner sur lui-même et céder le passage (Ikkyo 1).

Suivant l'élan du pivot, Nage continue son mouvement en avant pendant que ses bras décrivent un arc de cercle (Ikkyo 2) jusqu'à ce que son poids pèse sur le coude d'Uke et l'immobilise au sol (Ikkyo 3).

On exécute le contrôle en pliant le poignet de Uke vers son coude. Dans cette position, les bras de Nage forment un cercle avec le coude et le poignet de Uke. La pression sur le poignet de Uke est causée par le rétrécissement de ce cercle (Ikkyo 4).

Si, au début du mouvement, Nage se déplace en suivant le bras de Uke pendant que celui-ci se lève pour porter un coup vertical (Shomen Uchi), il peut effectuer simultanément l'esquive et le déséquilibre.

Toutefois, le rythme de certaines attaques ne permet pas de se déplacer vers l'attaquant sans collision, par exemple lorsque Uke assène un coup de poing. Dans ce cas, Nage esquive le coup en Tenshin et, aussitôt que le bras de Uke est à son extension maximale, Nage saisit le coude et le poignet de Uke pour exécuter le mouvement comme dans le cas précédent.

Ikkyo 1

Ikkyo 2

Ikkyo 3

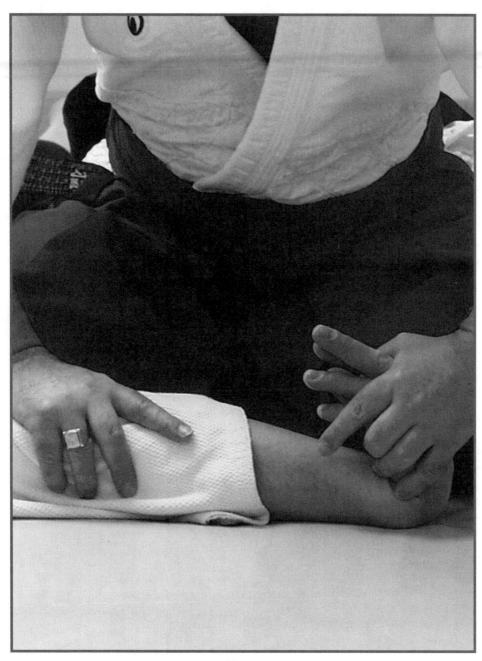

Ikkyo 4

Ikkyo Ura

Nage esquive l'attaque en pivotant vers l'arrière de Uke (Tenkan). Il saisit son poignet avec une main et, avec l'autre, il dirige fermement son coude vers le sol dans un mouvement de spirale dont il est le centre. Pendant sa rotation, Nage doit veiller à ce que son corps ne se retrouve jamais dans la trajectoire de Uke, ce qui aurait pour effet de bloquer sa chute.

Nage doit déséquilibrer Uke en utilisant le déplacement de son centre sans utiliser la force des bras et sans plier ses coudes. Il doit maintenir les épaules relaxées et les bras en extension pendant tout le mouvement, en prenant soin de transférer son poids vers le coude de Uke dans un mouvement uniforme, sans se précipiter et sans plier la taille.

L'ensemble du mouvement doit se dérouler avec la sensation de déplacement vers l'avant sans effort ni interruption.

Nikkyo

Nage rencontre l'attaque comme dans Ikkyo (Nikkyo 1) et il saisit le dos de la main de Uke afin d'accentuer la flexion de son poignet (Nikkyo 2).

La torsion bloque la circulation du Ki de Uke et le fait tomber à genoux. Sans interrompre son mouvement, Nage utilise le déséquilibre afin d'amener Uke par terre, ventre contre le sol.

Si Uke résiste ou essaie de se tourner vers Nage pour le frapper, celui-ci déplace sa prise du coude au poignet (Nikkyo 3) et pousse le dos de la main de Uke avec son épaule pour accroître la torsion et le faire tomber à genoux avant que son coup ne puisse atteindre la cible (Nikkyo 4). Dans ce cas, il faut faire attention de ne pas tirer le bras de Uke vers l'épaule, mais plutôt avancer le corps vers le poignet.

Nikkyo se révèle très performant si Uke saisit le poignet de Nage avec l'intention de le frapper avec l'autre main. Dans ce cas, Nage place sa main libre sur les doigts de Uke qui encerclent son poignet, de sorte que Uke ne puisse retirer sa main, et simultanément, avec le tranchant de l'autre main, il exécute un mouvement circulaire comme pour couper le poignet de Uke en direction de son centre (Nikkyo 5). Il faut exécuter cette technique avec beaucoup de prudence parce qu'on peut très facilement casser le poignet.

Pour effectuer le contrôle sans lâcher prise, Nage descend un genou à côté de l'aisselle de Uke et l'autre à côté de sa tête. En retenant fermement avec ses deux bras le bras de Uke contre son corps et en se penchant en avant dans un mouvement circulaire, Nage est en position d'utiliser son poids pour disloquer les articulations du coude et de l'épaule de Uke (Nikkyo 6).

Nikkyo 1

Nikkyo 2

Nikkyo 3

Nikkyo 4

Nikkyo 5

Nikkyo 6

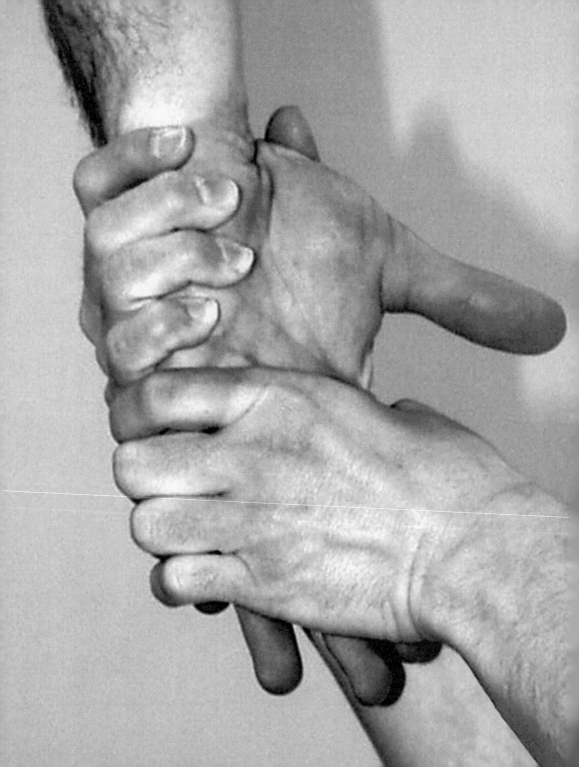

Sankyo

Après avoir déséquilibré Uke en poussant son coude (Sankyo 1) ou après avoir esquivé son attaque, Nage lui saisit les doigts et le tranchant de la main et, sans arrêter son mouvement, dirige son Ki vers le coude de Uke, ce qui le force à monter son centre (Sankyo 2).

Nage continue à avancer (en Irimi ou en Tenkan) à travers le centre de Uke jusqu'à ce que la torsion le force à tomber (Sankyo 3).

On doit effectuer la torsion avec le mouvement du centre et non des bras. À cette fin, il faut demeurer en tout temps sensible à la résistance de Uke pour pouvoir «glisser le long de sa surface» plutôt que de se battre contre elle.

Le contrôle s'opère d'une façon semblable à celui de Nikkyo, mais comme on maintient la prise du tranchant de la main de Uke, à la torsion de l'articulation du coude et de l'épaule s'ajoutera la torsion du poignet (Sankyo 4).

Puisque le but de la technique est d'immobiliser Uke sans le blesser, si celui-ci frappe le sol avec sa main libre pour indiquer qu'il est dans l'impossibilité de bouger, Nage n'a aucune raison de continuer son mouvement.

Sankyo 1

Sankyo 2

Sankyo 3

Sankyo 4

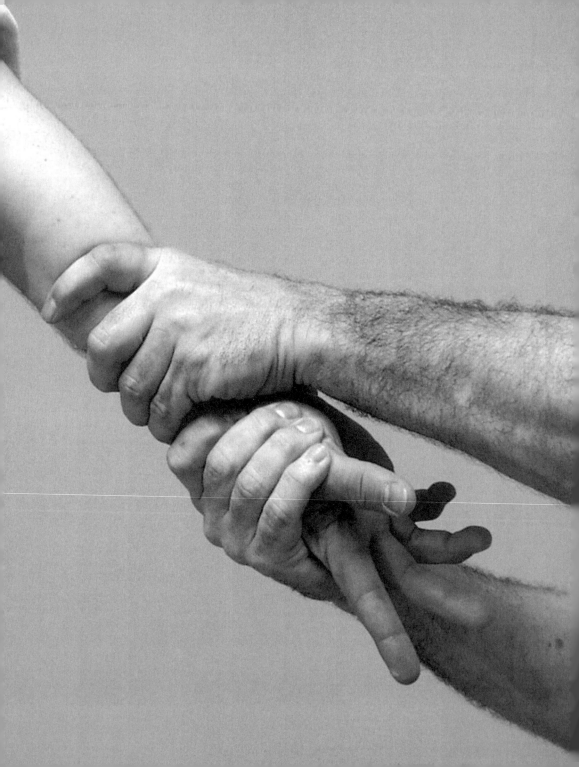

Yonkyo

La médecine traditionnelle chinoise reconnaît l'existence de points, distribués sur la surface du corps, qui ont un effet sur les fonctions des organes et sur la circulation du Ki.

Plusieurs arts martiaux utilisent la pression sur certains de ces points pour subjuguer l'adversaire. En pratique, dans une situation de combat, il n'est pas facile de les localiser et de les atteindre. L'effet est rarement instantané et, pour être efficace, la pression doit être exercée avec une intensité considérable et une précision absolue.

En Aïkido, on retrouve l'utilisation d'un de ces points dans la technique Yonkyo. Il s'agit de Neiguan, le sixième point du méridien du Maître Cœur.

Nage saisit le bras de Uke en maintenant le petit doigt à la hauteur de l'articulation de son poignet et, avec l'os à la base de l'index, il presse le milieu de l'intérieur de son bras en faisant couler l'énergie à travers ce point dans la direction du coude de Uke (Yonkyo 1).

La douleur causée par la pression force Uke à se déplacer. Nage suit son mouvement en brandissant le bras de Uke comme s'il s'agissait d'une épée avec laquelle il coupe à travers son centre pour immobiliser Uke au sol (Yonkyo 2). En exécutant la coupe, Nage ne doit pas se pencher et doit prendre soin de maintenir ses bras en extension.

Yonkyo 1

Yonkyo 2

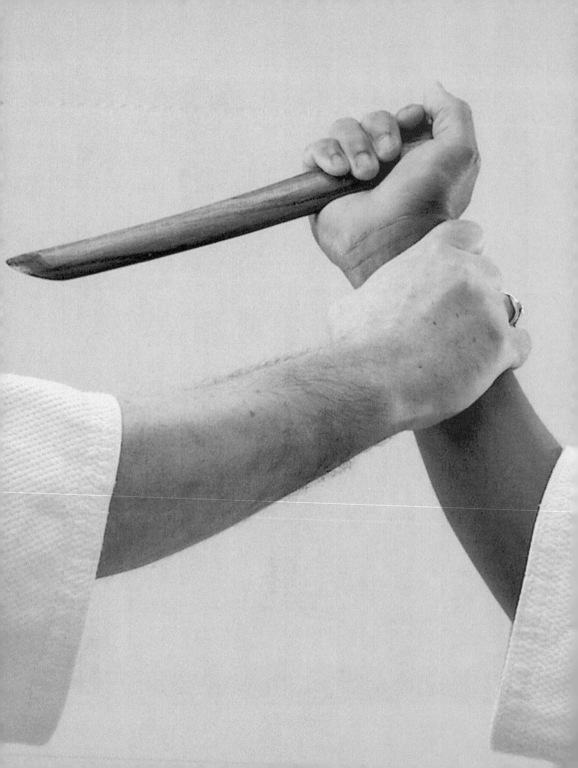

Gokyo

Cette technique est souvent utilisée pour se défendre contre une attaque au couteau, et ce parce qu'elle permet de maintenir le bras de Nage en dehors de la direction de la lame.

Nage se déplace en Tenshin et saisit l'intérieur du poignet de Uke sans chercher à arrêter son élan (Gokyo 1).

Puisque Uke ne rencontre aucune résistance, il doit arrêter son mouvement pour pouvoir attaquer de nouveau. Profitant de ce moment, Nage force la pointe du couteau à se tourner vers le haut, saisit le coude de Uke et le déséquilibre en pivotant derrière lui (Gokyo 2).

Pendant ce déplacement, Nage doit prendre soin de se maintenir constamment en arrière de Uke pour ne pas se trouver dans la trajectoire de son arme.

Comme Uke tombe, Nage transfère le poids sur son coude et l'immobilise au sol (Gokyo 3).

Pour effectuer le contrôle, Nage s'engenouille à côté de Uke et place le poignet de celui-ci verticalement, en bas de son coude, de façon que la douleur provoquée par la flexion le force à ouvrir la main et à laisser tomber l'arme (Gokyo 4).

Gokyo 1

Gokyo 2

Gokyo 3

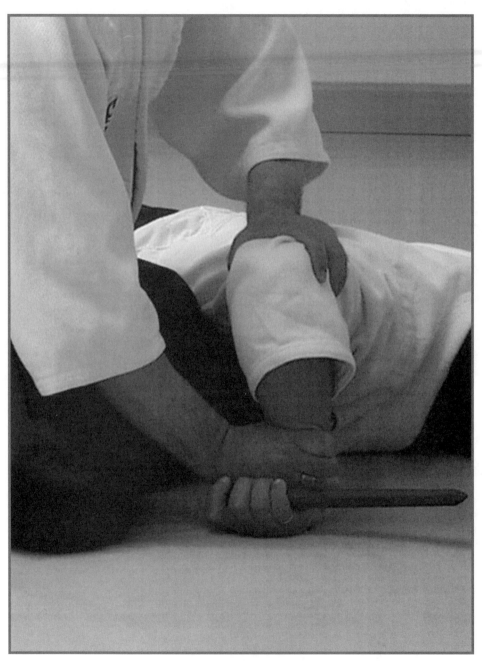

Gokyo 4

Les projections

Irimi Nage

En esquivant l'attaque, Nage se déplace vers l'arrière de Uke, saisit son épaule à la base du cou et, le poussant vers un angle de déséquilibre, le force à se pencher de côté (Irimi Nage 1).

Suivant le mouvement de Uke qui cherche à retrouver son équilibre, Nage étend son autre bras à côté de son visage et continue à avancer vers son côté arrière jusqu'à ce qu'il tombe (Irimi Nage 2).

En exécutant ce mouvement, Nage doit prendre soin de pousser Uke dans le vide créé par son déplacement, sans jamais le tirer.

Nage doit maintenir sa prise sur l'épaule de Uke pendant toute l'exécution de la technique pour l'empêcher de tourner et de contre-attaquer.

Il n'est pas nécessaire de frapper le visage de Uke en effectuant la projection. S'il est exécuté correctement, le déplacement de Nage entraîne Uke dans un mouvement en spirale qui dirige son énergie vers l'arrière, ce qui se traduit par une situation dans laquelle Nage avance et Uke recule. Cela permettra de faire tomber Uke, sans collision, en suivant son mouvement en arrière.

Irimi Nage 1

Irimi Nage 2

Shiho Nage

Cette technique peut être exécutée en réponse aux attaques les plus différentes, mais elle est particulièrement appropriée quand Uke porte un coup latéral pour frapper le côté de la tête de Nage.

En suivant le rythme de l'attaque, Nage lève les deux mains comme s'il tenait une épée et, en se déplaçant en Tenshin, il tranche verticalement le centre de Uke (Shiho Nage 1).

Pour protéger son flanc, Nage doit faire attention de ne pas diriger son mouvement vers le bras de Uke. Ses bras doivent rester toujours en extension, alignés entre son centre et celui de Uke. Si le rythme est exact, les mains de Nage rencontrent le poignet de Uke et peuvent le saisir tout naturellement.

Nage continue à suivre la direction de l'attaque et, en se déplaçant en Irimi ou en Tenkan (Shiho Nage 2), il porte au-dessus de sa tête le poignet de Uke, pivote sur son centre et descend ses bras comme pour lui trancher les jambes avec une épée imaginaire (Shiho Nage 3 et 4).

Avec ce mouvement, il est facile de disloquer le coude de Uke. Pour ne pas le blesser, il faut donc porter le coup contre son épaule, ce qui s'avère suffisant pour le faire tomber.

Shiho Nage 1

Shiho Nage 2

Shiho Nage 3

Shiho Nage 4

Udekime Nage

Nage esquive l'attaque et au moment où le poignet de Uke s'aligne avec son centre, il le saisit et le dirige vers le bas. À partir de cette position, Nage dirige son énergie à travers le bras tendu de Uke (Udekime Nage 1).

Nage doit prendre soin de maintenir ses deux bras en extension et de forcer Uke à chuter en avant (Udekime Nage 2), poussant avec la même énergie son poignet et son coude.

Cette projection ne doit pas reposer sur le fait qu'on peut facilement briser ou disloquer le coude de Uke. Il faut veiller à pousser l'articulation du coude dans la direction de l'angle de déséquilibre plutôt que dans la direction perpendiculaire au bras de Uke.

De cette façon, on peut utiliser la pression sur le coude de Uke pour le déséquilibrer et le forcer à tomber, sans le blesser.

Udekime Nage 1

Udekime Nage 2

Koshi Nage

Nage interpose ses hanches dans la ligne de l'attaque en prenant soin de les tenir en bas du centre de Uke (Koshi Nage 1).

Uke, déséquilibré par cet obstacle, chute au-dessus de la taille de Nage avec une vitesse proportionnelle à l'élan de son attaque (Koshi Nage 2).

Ce moment est particulièrement utile pour apprendre à baisser le centre. Il ne faut donc jamais chercher à soulever Uke pour le projeter à travers ses hanches.

Koshi Nage 1

Koshi Nage 2

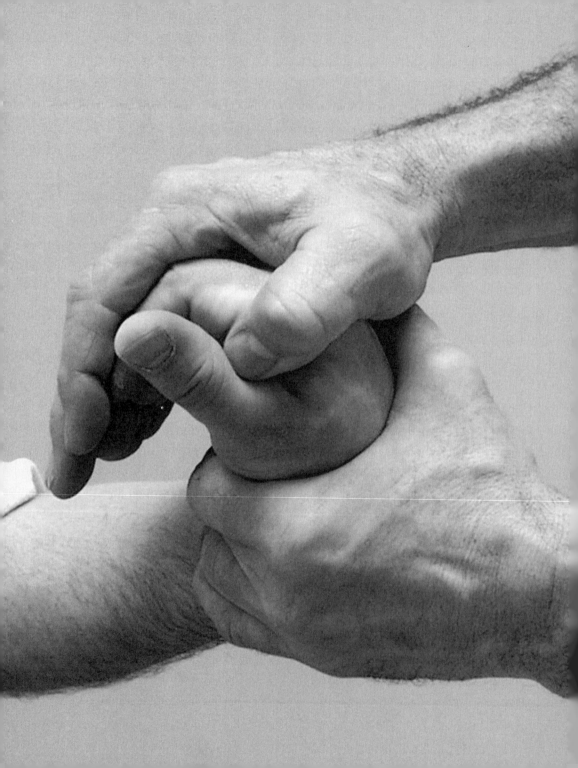

Kote Gaeshi

Nage saisit le poignet de Uke avec le pouce sur le dos de sa main tandis que le reste des doigts encercle l'éminence thénar (Kote Gaeshi 1).

Tout en gardant ses bras en extension, Nage replie les doigts de Uke vers le bas (Kote Gaeshi 2) de sorte que la tension du poignet force Uke à tomber (Kote Gaeshi 3).

L'ensemble du mouvement doit se dérouler sans effort, dans un flot égal et continu.

Nage immobilise le coude de Uke au-dessus de sa tête en maintenant son bras tendu, la paume de sa main face au sol (Kote Gaeshi 4). Dans cette position, Uke est dans l'impossibilité de bouger.

Kote Gaeshi 1

Kote Gaeshi 2

Kote Gaeshi 3

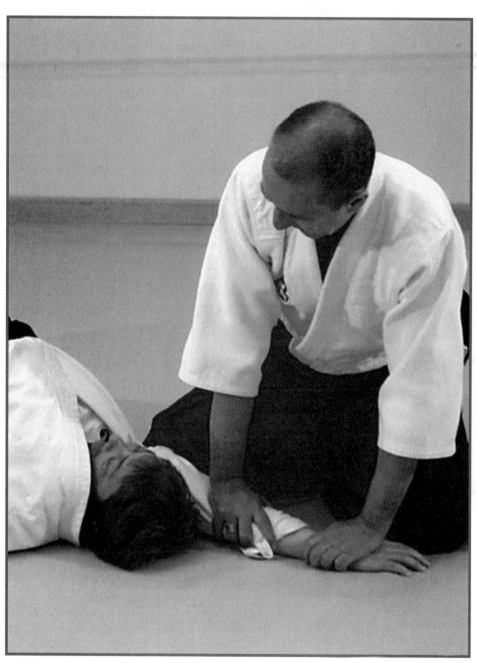

Kote Gaeshi 4

Sumi Otoshi

Nage saisit le poignet de Uke (Sumi Otoshi 1), dirige le bras de celui-ci vers le bas et étend simultanément l'autre bras sous l'aisselle de Uke en avançant derrière lui dans la direction de l'angle de déséquilibre (Sumi Otoshi 2).

Entraîné par l'élan du mouvement, Uke est projeté à terre. Nage doit prendre soin de maintenir les deux bras en extension tout au long du mouvement en laissant jaillir librement son Ki à travers eux.

Sumi Otoshi 1

Sumi Otoshi 2

Ten Chi Nage

Uke saisit les deux poignets de Nage. Au moment du contact, Nage avance de côté et étend un bras vers le bas pendant que l'autre bras tranche vers le haut à travers le centre de Uke qui tombe, entraîné par son propre mouvement.

En pratiquant ce mouvement, il faut faire attention d'éviter tout choc ou tout contact brusque. La chute est causée par le déséquilibre et non par l'impact.

Ten se traduit par «ciel» et *Chi* par «terre». La sensation du mouvement doit donc être de perforer le ciel avec une main et la terre avec l'autre, tout en maintenant l'extension du bras pour permettre au Ki de couler vers l'avant.

Aiki Otoshi

Uke essaie de saisir Nage par l'arrière.

En suivant son élan, Nage se déplace de côté et, en agissant sur les genoux de Uke, il amène ses jambes vers l'avant.

Nage doit prendre soin de ne pas soulever les jambes de Uke, mais plutôt de suivre son mouvement de façon à ce que sa chute s'effectue comme si ses pieds dérapaient sur une surface glissante.

Kaiten Nage

En poussant avec le tranchant de sa main sur l'intérieur du poignet de Uke (Kaiten Nage 1), dans un mouvement circulaire, Nage dirige le bras de Uke vers son dos, et en même temps il pousse son cou vers le sol (Kaiten Nage 2).

Nage continue à diriger son bras à travers le dos de Uke jusqu'à ce que le déséquilibre le force à tomber.

Kaiten signifie «roue». Il est donc important de maintenir la circularité du mouvement en se synchronisant avec l'élan de l'attaque. Si le mouvement est trop rapide, Uke peut réagir et renouveler son attaque; s'il est trop lent, il peut retrouver son équilibre.

Kaiten Nage 1

Kaiten Nage 2

Kokyu Nage

Quand on se déplace spontanément en synchronisant parfaitement le mouvement avec l'élan de l'attaque, il n'est plus possible de classifier la technique.

On regroupe donc toutes ces techniques sous le nom général de Kokyu Nage.

À ce niveau, il est essentiel que le rythme de la respiration soit synchronisé avec le mouvement.

Pendant l'expiration, le corps est plus fort que pendant l'inspiration. Autant que possible, toute la technique devrait s'exécuter en expirant lentement et en un flot égal. Il faudrait réserver l'inspiration rapide et pleine pour l'instant qui précède l'attaque, comme si c'était l'attaque même que l'on inspirait.

Kokyu Nage

Kokyu Nage

Kokyu Nage

Kokyu Nage

Appendices

O Sensei

«Le secret de l'Aïkido est de nous harmoniser avec le mouvement de l'univers et de nous mettre en accord avec l'univers même. Celui qui a pénétré le secret de l'Aïkido a l'univers en lui-même et peut dire "Je suis l'univers".

«Je ne suis jamais vaincu, aussi vite que l'ennemi puisse attaquer. Ce n'est pas parce que ma technique est plus rapide que l'attaque de l'ennemi. Ce n'est pas une question de vitesse. Le combat est terminé avant d'avoir débuté.

«Quand un ennemi essaie de lutter avec moi, l'univers même, il doit briser l'harmonie de l'univers. Au moment même où il a donc l'intention de me battre, il est déjà vaincu. Il n'existe pas de mesure de temps, rapide ou lent.»

Morihei Ueshiba

Morihei Ueshiba naquit le 14 décembre 1883 à Tanabe, un village sur la péninsule qui s'étend à la pointe méridionale de Hondo, l'île du Japon, juste au sud d'Osaka.

Son père, un vassal de la famille Kii, dont les membres étaient les seigneurs de la province nommée Wakagama à présent, enseignait la méthode secrète de combat appelé Aioi-Ryu, avec un mélange de Tai-Jitsu et de Kendo. Les méthodes que le garçon apprit de son père (il débuta à l'âge de dix ans) sont à l'origine de l'Aïkido tel qu'il est pratiqué de nos jours.

Lorsque Morihei avait douze ans, son père remplissait les fonctions de chef du village et de membre du conseil du village. Des étrangleurs payés par des rivaux politiques venaient parfois chez lui et le rossaient. Ces incidents de violence marquèrent le garçon et aiguisèrent sa résolution de s'endurcir par les arts martiaux.

En 1901, le jeune homme alors âgé de dix-huit ans travaillait dans une rue de grossistes, à Tokyo. À cette période, ses ambitions étaient de devenir marchand et il s'intéressait aussi à la politique.

Cependant, sa passion des arts martiaux n'avait pas décru, et la nuit, il étudiait le Jujitsu de l'école Kito (Tokusaburo Tosawa), un style influencé par les techniques de Kempo chinois et consistant à frapper les points vulnérables du corps, mais mettant aussi l'accent sur l'art de projeter un rival.

Après quelques mois à Tokyo, une maladie du cœur causée par le béribéri le força à rentrer à la maison. Lorsqu'il se rétablit, il décida de renforcer son corps. Il s'exerça d'abord à marcher environ quatre kilomètres par jour, mais bientôt il put les courir. Finalement, il arriva à soulever deux sacs de riz (pesant à peu près 60 kilos chacun), alors qu'auparavant il ne pouvait même pas en soulever un. Son apparence changea. C'était un adolescent plutôt mince, ne dépassant pas 1,56 m, mais il devint solide et musclé.

Il continua à étudier les arts martiaux et s'en fut à Sakai pour y étudier l'escrime à l'école Yagyu (Masakatsu Nakai) dont il reçut finalement un certificat en 1908, car son entraînement avait été interrompu par une période de service militaire.

À cette époque, il aimait participer aux concours de gâteaux de riz de son village. À ces occasions, une grande quantité de riz cuit est placé sur un mortier de pierre et pilé à l'aide d'un lourd maillet, jusqu'à l'obtention d'une pâte élastique que l'on étend en galettes plates pour les refroidir avant de les manger. Ueshiba gagnait invariablement ces concours, tant dans son propre village que dans les autres, et à la fin des concours, il avait l'habitude de briser le maillet même. Finalement, afin de le tenir à l'écart de ces tournois et d'épargner ainsi des maillets, les gens le recevaient avec les honneurs dus à un invité de marque, lesquels consistent, au Japon, à offrir du thé et des gâteaux.

Cette histoire suggère qu'à cette époque il possédait encore une bonne dose d'esprit compétitif.

En 1903, il s'enrôla dans le Wakayama (51e régiment) de l'armée japonaise et combattit en Mandchourie durant la

guerre russo-japonaise, en qualité de fantassin ordinaire. À sa
démobilisation, ses supérieurs tentèrent de le persuader d'entrer à l'académie militaire pour devenir soldat de carrière, mais
la voie du maître se trouvait ailleurs.

Il rentra chez lui, à Tanabe, et s'occupa des affaires commu-
nales, dirigeant les activités de son district. À cette période, il
profita aussi de la présence au village d'un maître 3e Dan en Judo
pour organiser une classe de Judo où il s'entraînait lui-même.

Au printemps de 1910, Ueshiba alla s'installer en pionnier à
Hokkaido, l'île septentrionale du Japon, qui était encore une
frontière en ce temps-là. Il avait encore été malade peu de temps
auparavant ; ainsi, le désir de changer d'air et de mener une vie
saine à l'extérieur l'avait peut-être poussé dans cette direction. Il
fut élu au conseil de son village en 1911 et il fonda une association vouée à la construction d'une voie ferrée dans le district.

Son étude des arts martiaux continuait. Sokaku Takeda, un
maître de la secte Jujitsu Daito, se trouvait alors à Hokkaido.
Ueshiba devint son élève, s'entraînant la plupart du temps par
lui-même et ne recevant de leçon qu'à l'occasion. Il devait verser
à son professeur 300 à 500 yens par technique (un yen valait environ 50 cents) ; de plus, il devait couper le bois du maître et porter son eau avant de recevoir la leçon. En 1916, il reçut le certificat de la secte Daito. C'est par l'étude de cet art que prit forme
l'Aïkido, car les mouvements du Jujitsu Daito ressemblent à ceux
de l'ancien Aioi-Ryu et du Tai-Jitsu qu'il avait appris de son père.

Tard au printemps de 1918, il reçut un télégramme l'informant que son père était gravement malade, et il quitta immédiatement Hokkaido. Lors de son voyage de retour, qu'il fit par train, il décida de rendre visite au révérend Onisaburo Deguchi, le fondateur de la religion Omotokyo, et de lui demander des prières pour la guérison de son père. Mais lorsqu'il arriva à la maison, il apprit que son père était décédé. Il avait alors trente-cinq ans, et la mort de son père eut un effet profond sur son esprit. Il faut se rappeler que son père avait aussi été son premier professeur et que le désir de le défendre contre les assauts dont il était victime alluma la première étincelle de sa passion pour les arts martiaux.

Nous pouvons donc l'imaginer se demandant à quoi servait de se perfectionner dans les arts de défense, si l'on doit inévitablement être vaincu par la mort.

«Après tout, que signifie se battre pour gagner? Si je gagne aujourd'hui, un temps viendra inévitablement où je devrai perdre. Si les arts martiaux ne se soucient que de gagner ou de perdre, à quoi sont-ils bons? Gagner ou perdre est relatif. La victoire et la défaite ne sont pas plus que des fluctuations, comme les hauts et les bas des vagues de la mer. Qu'aurais-je gagné à gaspiller ma vie entière et toute mon énergie spirituelle en de telles choses? Qu'aurais-je accompli? L'univers est absolu; n'y a-t-il donc pas de victoire absolue?»

Dans sa jeunesse, il avait étudié le bouddhisme Zen et celui de la secte Shingon. Il commença désormais à chercher une réponse dans la méditation et la prière.

Peu après, il alla vivre à Ayabe, où il étudia jusqu'en 1926. En ce temps naquit son fils Kisshomaru. Le maître s'affaira aussi dans l'étude du Jujitsu Shinkage, les arts de la lance, et le simple travail de ferme. Il accompagna Deguchi dans son projet avorté de fonder une société utopique en Mongolie, quittant le Japon en 1924 pour y retourner six mois plus tard, après s'être fait voler, emprisonner et avoir frôlé l'exécution.

En 1925, un officier de la marine, professeur d'épée, vint visiter le maître à Ayabe. Leur conversation ayant tourné au désaccord, ils décidèrent de régler leur dispute par un duel à l'épée de bois. L'officier attaqua, mais le maître évita chaque coup, et son adversaire, incapable de le toucher, abandonna finalement. Voulant se reposer après cette rencontre, le maître sortit seul au jardin. Soudain, cette remarquable expérience de libération (que le Zen appelle «Satori») le frappa. Voici sa propre description:

«Je sentis l'univers trembler soudainement, et un esprit doré jaillit du sol, voila mon corps et le transforma en un corps doré. En même temps, mon esprit et mon corps devinrent légers. Je fus capable de comprendre le murmure des oiseaux, et pleinement conscient de l'esprit de Dieu, le créateur de l'univers.

«À ce moment, je fus illuminé: la source du Budo, c'est l'amour de Dieu — l'esprit d'amour protecteur pour tous les êtres. Un flot interminable de larmes de joie coulait le long de mes joues. Depuis ce temps, j'ai eu le sentiment sans cesse croissant que le monde entier est ma maison et que le soleil, la lune et les étoiles sont à moi. J'étais libéré de tout désir, non seulement de puissance, de renommée et de richesse, mais aussi du désir d'être fort. Je compris: "Le Budo ne consiste pas à abattre l'adversaire par la force; et il n'est pas non plus un instrument pour mener le monde à sa destruction par les armes. Le vrai Budo consiste à accepter l'esprit de l'univers, à garder la paix dans le monde, à produire, protéger et cultiver convenablement toutes les choses dans la nature." Je compris: "S'entraîner au Budo, c'est recevoir l'amour de Dieu, qui produit, protège et cultive correctement toutes choses dans la nature, et l'assimiler et l'utiliser dans notre esprit et notre corps.»

Cette vision remarquable fut le début de l'Aïkido. Si nous nous demandons: «Qu'y a-t-il de nouveau dans l'Aïkido? Qu'est-ce que le maître a introduit dans les arts martiaux qui n'y était pas auparavant?», nous remarquerons que, du point de vue technique, son apport est restreint. La plupart des techniques d'Aïkido existent, dans une forme plus ou moins similaire, dans l'une ou plusieurs des différentes écoles de Jujitsu.

Beaucoup de formes de base, en Aïkido, dérivent de l'art de manier l'épée, le bâton ou la lance. Même le concept de «Aï-ki» — ne pas se heurter à l'énergie des adversaires, ni se trouver pris dans la toile de leurs mouvements, mais les envelopper dans le flot de votre énergie — était déjà présent dans ce sens limité qu'on vient d'exposer.

Mais O Sensei étendit la signification de aï-ki dans une nouvelle direction fondamentale, transformant ainsi le style d'exécution des techniques, le mode d'entraînement, et introduisant une infinité de nouveaux sens possibles à la pratique des arts martiaux.

Sous ce nouvel aspect, aï-ki contient l'idée d'abandonner tout désir de détruire l'adversaire ou même de lui imposer sa volonté par la force physique ou par des techniques. À la place, il exige un engagement total de soi-même, au point d'accepter la responsabilité de défendre et de protéger la vie d'autrui avant la sienne. Dans cet esprit, on essaie d'unifier sa propre volonté à celle de l'adversaire afin de la guider, de sorte que toute violence est éliminée. Ainsi que l'exprime O Sensei: «Le vrai Budo est l'amour protecteur de tous les êtres, dans un esprit de réconciliation. *Réconciliation* signifie "permission de laisser chacun accomplir et compléter sa mission". »

Cette éthique se reflète dans les techniques que le maître enseigna ainsi: au lieu d'essayer de bloquer une attaque et d'y réagir, on l'évite et on agit ; le but de la technique est d'harmoniser sa volonté à celle de l'adversaire, son mouvement à celui de l'adversaire et de guider sa volonté et son mouvement afin qu'ils ne causent pas de torts. Finalement, le but ultime est, comme dans toute discipline spirituelle authentique, de devenir «l'ami de Dieu», de se mettre en harmonie avec le monde, avec Tao, avec la volonté de «Dieu».

Les deux années suivantes, Ueshiba accepta des invitations à enseigner à divers endroits. Sa renommée grandit, et des adeptes d'autres arts martiaux, d'un rang élevé, vinrent étudier avec lui. Il n'avait pas encore de Dojo permanent.

Finalement, en 1927, sous le patronage de plusieurs membres de la noblesse japonaise, lesquels s'intéressaient aux arts martiaux, le maître se déplaça à Tokyo et commença à enseigner. La salle de billard, dans la maison du prince Shimazu, fut transformée en gymnase. À partir de ce moment, la réputation du maître et le nombre de ses élèves s'accrurent rapidement. Il déménagea dans un plus grand Dojo en 1928 et à nouveau en 1929. La construction d'une résidence, avec un Dojo de 80 Tatamis, débuta à Ushigome et s'acheva en 1931. Entre-temps, une grande maison sur une colline fut louée pour servir de quartier général temporaire. C'est là que le professeur Jigoro Kano, fondateur du Judo, accompagné de plusieurs de ses membres, vint visiter Ueshiba.

On dit que Kano, lorsqu'il vit l'Aïkido, fit la remarque suivante: «C'est là mon idéal du Budo.» Il envoya plusieurs de ses adeptes avancés du Kodokan étudier avec Ueshiba.

Le nouveau Dojo recevait 30 à 40 apprentis à la fois ; la plupart d'entre eux étaient des élèves avancés d'autres arts martiaux, tels que le Judo ou l'escrime. L'entraînement était rude et les élèves devinrent forts. En quelques années, plusieurs succursales du Dojo furent établies, et le maître les visitait à tour de rôle. Il garda un strict contrôle sur l'admission de nouveaux étudiants, exigeant pour chacun d'eux la recommandation de deux personnes d'un certain rang. Il en résulta que la majorité des élèves étaient des experts en Budo, des nobles, des chefs militaires, des gens d'affaires ou bien leurs enfants. Le maître était soucieux de préserver la grande réputation de son nouveau Budo en s'assurant que ses élèves étaient d'un certain rang ou d'une valeur personnelle élevée.

À cette période, des leçons se donnaient à des endroits tels que le palais Aoyama, pour les membres de la garde impériale qui étaient 5e Dan ou plus en Judo et en escrime ; à l'Académie navale, au club Sumitomo, à la Presse Asaki, au département de la Police. Cette situation se poursuivit jusqu'à la Seconde Guerre mondiale.

La guerre dispersa les élèves d'O Sensei, appelant beaucoup d'entre eux au service militaire. Le maître lui-même servit quelque temps à la Commission de promotion de Budo, organisée en 1940 sous les auspices du ministère de la Défense du Cabinet du prince Kono. On l'envoya même en Mandchourie, en qualité de membre de la délégation japonaise du Budo, à l'occasion du

10ᵉ anniversaire de l'empire Mandchou. Comme la guerre se prolongeait, le maître quitta le Dojo vide du quartier général et se retira près du sanctuaire d'Aiki, à Iwama, et se consacra au fermage, à son entraînement personnel et à l'enseignement.

Après la guerre, la pratique du Budo fut interdite pour un certain temps par les autorités de l'Occupation, mais on fit des plans et on entreprit une réorganisation pour le jour où cette prohibition serait levée. Cela se passait en 1948, et la nouvelle Association Aï-Ki, ou «Aïkikai» fut lancée cette année-là.

Depuis lors, l'Aïkido a pris son essor et s'est développé hors du Japon ; les restrictions spéciales qui contrôlaient l'admission des élèves à ce nouvel art martial ont été abolies.

Après la guerre, en effet, le maître en était venu à sentir que les principes d'Aïkido étaient essentiellement internationaux et devaient être accessibles à tous, comme un moyen de remplir le vide spirituel du monde moderne. En conséquence, des instructeurs furent envoyés dans toutes les parties du monde. O Sensei continua à enseigner et à superviser le développement de l'Aïkido jusqu'à sa mort.

Le 26 avril 1969, à l'âge de quatre-vingt-six ans, le maître mourut dans son sommeil, d'une maladie de foie dont il souffrait depuis deux mois.

Le grand événement, dans les dernières années de O Sensei, fut l'ouverture du nouveau Hombu (Central) Dojo à Tokyo, un édifice moderne de trois étages, comprenant une salle d'entraînement principale de 98 Tatamis et une salle un peu plus petite de 72 Tatamis.

Aujourd'hui, partout dans le monde, d'innombrables Dojo continuent la Voie.

De la pratique

- L'Aïkido n'est pas seulement un exercice physique, c'est une philosophie et une discipline mentale. Les adeptes doivent veiller à ce que cette philosophie ne reste pas lettre morte.

- Les grades ne comportent pas de privilèges, ils comportent des responsabilités.

- Chaque membre est responsable de la propriété, de l'organisation et de l'atmosphère du Dojo.

- On s'attend à ce que les membres mettent leurs talents, même professionnels, au service du Dojo.

- Il faut saluer en entrant dans le Dojo ou en montant sur le Tatami et saluer de nouveau en les quittant.

- La tenue doit être impeccable: Gi et Hakama doivent être propres et portés correctement.

- Quand on porte le Gi, il faut soigner sa posture et son comportement même en dehors du Tatami.

- Pendant le cours, on appelle l'instructeur «Sensei».

- Sur le Tatami, il faut toujours être alerte et maintenir une posture convenable. Pendant la leçon, on ne discute pas, on s'entraîne.

- Il faut s'entraîner avec autant de partenaires différents que possible. Souvent on apprend plus en s'exerçant avec les débutants qu'avec les élèves avancés. Enseigner et partager les connaissances fait partie de l'entraînement.

- La pratique doit toujours être plaisante sans jamais dégénérer en de vaines épreuves de force. La vitesse de l'entraînement doit être mesurée afin d'éviter tout accident.

- On s'entraîne avec les partenaires et non pas sur les partenaires. Il faut regarder où on projette, car on reste en tout temps responsable de la sécurité du partenaire. Les accidents sont à la mesure de l'incompétence des adeptes.

- L'entraînement journalier débute par de légers exercices physiques qui augmentent graduellement d'intensité. Il ne doit jamais y avoir de surmenage. C'est pourquoi même une personne âgée peut continuer à s'entraîner avec plaisir, sans aucun danger.

- L'enseignement de l'instructeur constitue seulement une petite partie de l'apprentissage. Il restera inutile sans l'effort assidu de l'élève.

L'Aikikai de Montréal

L'Aikikai de Montréal est parrainé par HOMBU (Centrale) DOJO du Japon et est membre affilié de la Fédération d'Aïkido des États-Unis sous la direction de Yoshimitzu Yamada Sensei.

L'Aïkikai de Montréal a été fondé par l'auteur en février 1967. Il est situé au 4804, rue Rivard, Montréal (Québec) H2J 2N6; tél.: (514) 845-5971.

Lexique

Techniques

Katame Waza	Contrôles
Ikkyo	(1er principe) Flexion du poignet
Nikkyo	(2e principe) Torsion du poignet par l'intérieur
Sankyo	(3e principe) Torsion en vis du poignet
Yonkyo	(4e principe) Pression sur l'avant-bras
Gokyo	(5e principe) Prise du poignet par l'intérieur
Ude Garami	Immobilisation par une clé de bras
Nage Waza	Projections
Aiki Otoshi	Projection en faisant glisser les pieds en avant
Irimi Nage	Projection en entrant
Jujigarami	Projection sur bras croisés
Kaiten Nage	Projection en cercle

Kokyu Nage	Projection respiratoire
Koshi Nage	Projection des hanches
Kote Gaeshi	Projection par torsion du poignet vers l'extérieur
Shiho Nage	Projection dans les quatre directions
Sumi Otoshi	Projection dans le coin
Ten Chi Nage	Projection ciel-terre
Udekime Nage	Projection sous le bras

Attaques

Eri Tori	Prise du col
Hiji Tori	Prise du coude
Jiyuwaza	Attaque libre
Kata Tori	Prise d'épaule
Katate Ryote Tori	Prise d'un poignet à deux mains
Katate Tori	Prise de poignet
Katate Tori Aihanmi	Prise du poignet opposé
Mone Tori	Prise de revers
Ryo Kata Tori	Prise des deux épaules
Ryote Tori	Prise des deux poignets
Shomen Uchi	Coup venant du haut
Tsuki	Coup de poing
Ushiro Eri Tori	Prise du col par-derrière
Ushiro Ryo Kata Tori	Prise des deux épaules par-derrière
Ushiro Ryote Tori	Prise des deux poignets par-derrière

Ushiro Tekubi Kubi Tori	Prise d'un poignet et étranglement arrière
Yokomen Uchi	Coup latéral

Applications

Hanmi-Hamtachi waza	Un partenaire debout, l'autre à genoux
Kaeshi Waza	Contre-techniques
Kakari Geiko	Plusieurs adversaires attaquant en ligne
Suwari Waza	Techniques à genoux
Tachi Waza	Techniques debout
Taninzo Dori	Plusieurs adversaires attaquant simultanément
Ushiro Waza	Techniques sur attaque par-derrière

Déplacements et postures

Ai Hanmi	Même garde
Gyaku Hanmi	Garde opposée
Hanmi	Garde
Hidari Hanmi	Garde gauche
Irimi	Mouvement entrant
Kamae	Garde, posture
Ma-ai	Distance optimale de combat
Migi Hanmi	Garde droite

Omote	Techniques en Irimi
Seiza	Position assise formelle
Tenkan	Mouvement pivotant
Tenshin	Mouvement en prenant du recul
Ura	Techniques en Tenkan

Armes

Bo	Bâton long
Bokken	Épée de bois
Jo	Bâton court
Katana	Épée japonaise
Tanto	Couteau

Le corps

Ashi	Pied ou jambe
Eri	Col
Hara	Ventre, siège du Ki
Hiji	Coude
Hiza	Genou
Kata	Épaule
Katate	Une main
Koshi	Hanches
Kote	Poignet

Kubi	Cou
Me	Yeux
Men	Tête
Mimi	Oreilles
Mune	Poitrine
Shuto	Tranchant de la main
Tanden	Le Hara, centre de l'énergie
Te	Main
Tekubi	Poignet
Ude	Bras

Nombres

Ichi	Un
Ni	Deux
San	Trois
Shi	Quatre
Go	Cinq
Roku	Six
Shichi	Sept
Hachi	Huit
Ku	Neuf
Ju	Dix

Terminologie

Aï	Unification, harmonie
Aikijitsu	Ancienne technique de combat, ancêtre de l'Aïkido
Atemi	Frappe, coup
Budo	Arts martiaux
Bushi	Guerrier
Bushido	Code d'honneur du guerrier
Chudan	Niveau de la poitrine
Dan	Rang de ceinture noire
Do	Voie, chemin spirituel
Dojo	Endroit où l'on apprend l'Art
Gedan	Niveau bas
Gi	Habit d'entraînement
Gyaku	Contraire
Hakama	Pantalon-jupe porté par-dessus le Gi
Hara	Le centre
Hidari	Gauche
Jodan	Niveau haut, niveau du visage
Kaiten	Roue
Kamiza	Place d'honneur du Dojo, où se trouve le portrait du fondateur
Kata	Ensemble de mouvements formels
Ki	Énergie
Koan	Paradoxe Zen
Kohai	Junior
Kokyu	Extension, puissance respiratoire

Kumi Tachi	Entraînement au sabre à deux
Kyu	Rangs inférieurs au Dan
Migi	Droite
Morihei Ueshiba	Nom du Maître
Mu	Le monde de l'énergie invisible, le vide
Nage	Celui qui applique la technique
O Sensei	Le maître
Rei	Saluez
Sampai	Senior
Samuraï	Guerrier, «celui qui sert»
Satori	Éveil spirituel
Sensei	Instructeur
Shomen	Devant
Soto	Extérieur
Suburi	Exercice au sabre répété seul
Sumi	Coin
Tao	Suprême essence de l'existence
Tatami	Tapis d'entraînement
Tori	Prise, saisie
Uchi	Intérieur
Uchi	Un coup
Uke	Attaquant
Ukemi	Chutes
Yoko	Côté
Zori	Sandales

Du même auteur

Publications

Acupuncture en médecine clinique (en collaboration avec Bernard Côté), Décarie, Montréal, et Maloine, Paris, 1989.

Les cahiers d'acupuncture (12 cahiers et une cassette audio), Les Éditions d'Acupuncture du Québec, Montréal, 1986.

Manupuncture, massage basé sur la technique de l'acupuncture, Guérin, Montréal, 1980.

La voie du guerrier, du yoga aux arts martiaux, Les Éditions de l'Homme, Montréal, 1975.

Aïkido, au-dela de l'agressivité, Les Éditions de l'Homme, Montréal, 1973.
- Traduit et publié en anglais par Collier Macmillan.
- Traduit et publié en portugais par Éditora Records, Rio de Janeiro.

Vidéocassettes

Localisation des points d'acupuncture, Les Productions Biovisuel, Montréal, 1989.

Manupression, massage basé sur la technique de l'acupuncture, Les Productions Biovisuel, Montréal, 1989.

Table des matières

Les techniques

Les contrôles

Les projections

Appendices

LES ÉDITIONS DE
L'HOMME

Ouvrages parus aux
Éditions de l'Homme

Affaires et vie pratique

* **1001 prénoms, leur origine, leur signification,** Jeanne Grisé-Allard
  100 stratégies pour doubler vos ventes, Robert L. Riker
* **Acheter et vendre sa maison ou son condominium,** Lucille Brisebois
* **Acheter une franchise,** Pierre Levasseur
* **Les assemblées délibérantes,** Francine Girard
* **La bourse,** Mark C. Brown
* **Le chasse-insectes dans la maison,** Odile Michaud
* **Le chasse-insectes pour jardins,** Odile Michaud
* **Le chasse-taches,** Jack Cassimatis
* **Choix de carrières — Après le collégial professionnel,** Guy Milot
* **Choix de carrières — Après le secondaire V,** Guy Milot
* **Choix de carrières — Après l'université,** Guy Milot
  Clicking, Faith Popcorn
* **Comment cultiver un jardin potager,** Jean-Claude Trait
  Comment rédiger son curriculum vitæ, Julie Brazeau
  Comment voir et interpréter l'aura, Ted Andrews
* **Comprendre le marketing,** Pierre Levasseur
  La conduite automobile, Francine Levesque
  La couture de A à Z, Rita Simard
  Des pierres à faire rêver, Lucie Larose
* **Des souhaits à la carte,** Clément Fontaine
* **Devenir exportateur,** Pierre Levasseur
* **Écrivez vos mémoires,** S. Liechtele et R. Deschênes
* **L'entretien de votre maison,** Consumer Reports Books
* **L'étiquette des affaires,** Elena Jankovic
* **Faire son testament,** Me Gérald Poirier et Martine Nadeau
* **Fleurs de villes,** Benoit Prieur
* **Fleurs sauvages du Québec,** Estelle Lacoursière et Julie Therrien
* **La généalogie,** Marthe F.-Beauregard et Ève B.-Malak
* **Gérer ses ressources humaines,** Pierre Levasseur
  La graphologie, Claude Santoy
* **Le guide Bizier et Nadeau,** R. Bizier et R. Nadeau
* **Le guide de l'auto 98,** J. Duval et D. Duquet
* **Guide des arbres et des plantes à feuillage décoratif,** Benoit Prieur
* **Guide des fleurs pour les jardins du Québec,** Benoit Prieur
* **Le guide des plantes d'intérieur,** Coen Gelein
* **Guide des plantes pour la maison,** Benoit Prieur
* **Guide des voitures anciennes,** J. Gagnon et Colette Vincent
* **Guide du jardinage et de l'aménagement paysager au Québec,** Benoit Prieur
* **Guide du potager,** Benoit Prieur
* **Le guide du vin 98,** Michel Phaneuf
* **Guide gourmand 97 — Les 100 meilleurs restaurants de Montréal,** Josée Blanchette
* **Guide gourmand — Les bons restaurants de Québec — Sélection 1996,** D. Stanton
  Guide pratique des vins d'Italie, Jacques Orhon
* **Guide Prieur saison par saison,** Benoit Prieur
  L'île d'Orléans, Michel Lessard
* **Les hémérocalles,** Benoit Prieur

Cuisine et nutrition

Plein air, sports, loisirs

* **30 ans de photos de hockey,** Denis Brodeur
* **L'ABC du bridge,** Frank Stewart et Randall Baron
* **Almanach chasse et pêche 93,** Alain Demers
  L'arc et la chasse, Greg Guardo
* **Les armes de chasse,** Charles Petit-Martinon
  L'art du pliage du papier, Robert Harbin
  La basse sans professeur, Laurence Canty
  La batterie sans professeur, James Blades et Johnny Dean
  Beautés sauvages du Québec, H. Wittenborn et A. Croteau
  Les bons cigares, H. Paul Jeffers et Kevin Gordon
  Le bridge, Viviane Beaulieu
  Carte et boussole, Björn Kjellström
  Le chant sans professeur, Graham Hewitt
* **Charlevoix,** Mia et Klaus
  La clarinette sans professeur, John Robert Brown
  Le clavier électronique sans professeur, Roger Evans
  Le golf après 50 ans, Jacques Barrette et Dʳ Pierre Lacoste
* **Les clés du scrabble,** Pierre-André Sigal et Michel Raineri
  Corrigez vos défauts au golf, Yves Bergeron
* **Le curling,** Ed Lukowich
* **De la hanche aux doigts de pieds — Guide santé pour l'athlète,** M. J. Schneider et
       M. D. Sussman
* **Devenir gardien de but au hockey,** François Allaire
* **Les éphémères du pêcheur québécois,** Yvon Dulude
* **Exceller au softball,** Dick Walker
* **Exceller au tennis,** Charles Bracken
* **Les Expos,** Denis Brodeur et Daniel Caza
  La flûte à bec sans professeur, Alain Bergeron
  La flûte traversière sans professeur, Howard Harrison
* **Les gardiens de but au hockey,** Denis Brodeur
  Le golf au féminin, Yves Bergeron et André Maltais
  Le grand livre des sports, Le groupe Diagram
  Les grands du hockey, Denis Brodeur
  Le guide complet du judo, Louis Arpin
  Le guide complet du self-defense, Louis Arpin
* **Le guide de la chasse,** Jean Pagé
* **Guide de la forêt québécoise,** André Croteau
* **Le guide de la pêche au Québec,** Jean Pagé
  Guide de mise en forme, P. Anctil, G. Thibault et P. Bergeron
* **Le guide des auberges et relais de campagne du Québec,** François Trépanier
* **Guide des jeux scouts,** Association des Scouts du Canada
  Le guide de survie de l'armée américaine, Collectif
  Guide d'orientation avec carte et boussole, Paul Jacob
  Guide pratique de survie en forêt, Jean-Georges Deschenaux
  La guitare électrique sans professeur, Robert Rioux
  La guitare sans professeur, Roger Evans
  L'harmonica sans professeur, Alain Lamontagne et Michel Aubin
* **Les Îles-de-la-Madeleine,** Mia et Klaus
* **Initiation à l'observation des oiseaux,** Michel Sokolyk
* **Jacques Villeneuve,** Gianni Giansanti
* **J'apprends à nager,** Régent la Coursière

Psychologie, vie affective, vie professionnelle, sexualité

20 minutes de répit, Ernest Lawrence Rossi et David Nimmons
1001 stratégies amoureuses, Marie Papillon
À dix kilos du bonheur, Danielle Bourque
L'adultère est un péché qu'on pardonne, Bonnie Eaker Weil et Ruth Winter
* **Aider mon patron à m'aider,** Eugène Houde
Aimer et se le dire, Jacques Salomé et Sylvie Galland
À la découverte de mon corps — Guide pour les adolescentes, Lynda Madaras
À la découverte de mon corps — Guide pour les adolescents, Lynda Madaras
L'amour comme solution, Susan Jeffers
* **L'amour, de l'exigence à la préférence,** Lucien Auger
* **L'amour en guerre,** Guy Corneau
Les anges, mystérieux messagers, Collectif
Apprendre à dire non, Marcelle Lamarche et Pol Danheux
L'approche émotivo-rationnelle, Albert Ellis et Robert A. Harper
L'art de parler en public, Ed Woblmuth
L'art d'être parents, Dr Benjamin Spock
Attention, parents!, Carol Soret Cope
Balance en amour, Linda Goodman
Bélier en amour, Linda Goodman
Bientôt maman, Janet Whalley, Penny Simkin et Ann Keppler
* **Le bonheur au travail,** Alan Carson et Robert Dunlop
Cancer en amour, Linda Goodman
Capricorne en amour, Linda Goodman
Ces chers parents!..., Christina Crawford
Ces gens qui vous empoisonnent l'existence, Lillian Glass
* **Ces hommes qui méprisent les femmes... et les femmes qui les aiment,** Dr Susan Forward et Joan Torres
Ces visages qui en disent long, Jeanne-Élise Alazard
Changer en douceur, Alain Rochon
Changer ensemble — Les étapes du couple, Susan M. Campbell
Changer, oui, c'est possible, Martin E. P. Seligman
Les clés du succès, Napoleon Hill
Comment aider mon enfant à ne pas décrocher, Lucien Auger
Comment communiquer avec votre adolescent, E. Weinhaus et K. Friedman
Comment contrôler l'inquiétude et l'utiliser efficacement, Dr E. M. Hallowell
Comment faire l'amour sans danger, Diane Richardson
* **Comment parler en public,** S. Barrat et C. H. Godefroy
Comment s'amuser à séduire l'autre, Lili Gulliver
Comment s'entourer de gens extraordinaires, Lillian Glass
Communiquer avec les autres, c'est facile!, Érica Guilane-Nachez
Le complexe de Casanova, Peter Trachtenberg
* **Comprendre et interpréter vos rêves,** Michel Devivier et Corinne Léonard
La côte d'Adam, M. Geet Éthier
Découvrez votre quotient intellectuel, Victor Serebriakoff
Découvrir un sens à sa vie avec la logothérapie, Viktor E. Frankl
Le défi de vieillir, Hubert de Ravinel
* **De ma tête à mon cœur,** Micheline Lacasse
La dépression contagieuse, Ronald M. Podell
La deuxième année de mon enfant, Frank et Theresa Caplan
Devenez riche, Napoleon Hill
* **Dieu ne joue pas aux dés,** Henri Laborit
Les douze premiers mois de mon enfant, Frank Caplan
Les dynamiques de la personne, Denis Ouimet
Dynamique des groupes, Jean-Marie Aubry

En attendant notre enfant, Yvette Pratte Marchessault
* **Les enfants de l'autre,** Erna Paris
Les enfants de l'indifférence, Andrée Ruffo
* **L'enfant unique — Enfant équilibré, parents heureux,** Ellen Peck
L'Ennéagramme au travail et en amour, Helen Palmer
Entre le rire et les larmes, Élisabeth Carrier
* **L'esprit du grenier,** Henri Laborit
Êtes-vous faits l'un pour l'autre?, Ellen Lederman
* **L'étonnant nouveau-né,** Marshall H. Klaus et Phyllis H. Klaus
Être soi-même, Dorothy Corkille Briggs
* **Évoluer avec ses enfants,** Pierre-Paul Gagné
Exceller sous pression, Saul Miller
* **Exercices aquatiques pour les futures mamans,** Joanne Dussault et Claudia Demers
Fantaisies amoureuses, Marie Papillon
La femme indispensable, Ellen Sue Stern
La force intérieure, J. Ensign Addington
Le fruit défendu, Carol Botwin
Gémeaux en amour, Linda Goodman
Le goût du risque, Gert Semler
Le grand dauphin blanc, Bruno Saint-Cast
* **Le grand manuel des cristaux,** Ursula Markham
La graphologie au service de votre vie intime et professionnelle, Claude Santoy
Guérir des autres, Albert Glaude
Le guide du succès, Tom Hopkins
Histoire d'une femme traquée, Gaëtan Dufour
L'histoire merveilleuse de la naissance, Jocelyne Robert
Horoscope chinois 1998, Neil Somerville
Les initiales du bonheur, Ronald Royer
L'insoutenable absence, Regina Sara Ryan
J'ai commis l'inceste, Gilles David
* **J'aime,** Yves Saint-Arnaud
J'ai rendez-vous avec moi, Micheline Lacasse
Jamais seuls ensemble, Jacques Salomé
Je crois en moi et je vais mieux!, Christ Zois et Patricia Fogarty
Je réinvente ma vie, J. E. Young et J. S. Klosko
* **Le journal intime intensif,** Ira Progoff
Le langage du corps, Julius Fast
Lion en amour, Linda Goodman
Le mal des mots, Denise Thériault
Maman a raison, papa n'a pas tort..., Dr Ron Taffel
Maman, bobo!, Collectif
Les manipulateurs sont parmi nous, Isabelle Nazare-Aga
Ma sexualité de 0 à 6 ans, Jocelyne Robert
Ma sexualité de 6 à 9 ans, Jocelyne Robert
Ma sexualité de 9 à 12 ans, Jocelyne Robert
La méditation transcendantale, Jack Forem
Le mensonge amoureux, Robert Blondin
Mère à la maison et heureuse! Cindy Tolliver
* **Mon enfant naîtra-t-il en bonne santé?,** Jonathan Scher et Carol Dix
Parent responsable, enfant équilibré, François Dumesnil
Parle, je t'écoute..., Kris Rosenberg
Parle-moi... j'ai des choses à te dire, Jacques Salomé
Parlez-leur d'amour, Jocelyne Robert
Parlez pour qu'on vous écoute, Michèle Brien
Pas de panique!, Dr R. Reid Wilson

Vouloir c'est pouvoir, Raymond Hull
Vous valez mieux que vous ne pensez, Patricia Cleghorn

Santé, beauté

Alzheimer — Le long crépuscule, Donna Cohen et Carl Eisdorfer
L'arthrite, Dr Michael Reed Gach
Bien vivre, mieux vieillir, Marie-Paule Dessaint
Bon vin, bon cœur, bonne santé!, Frank Jones
Le cancer du sein, Dr Carol Fabian et Andrea Warren
* **Comment arrêter de fumer pour de bon,** Kieron O'Connor, Robert Langlois et Yves Lamontagne
Cures miracles, Jean Carper
De belles jambes à tout âge, Dr Guylaine Lanctôt
* **Dites-moi, docteur...,** Dr Raymond Thibodeau
Dormez comme un enfant, John Selby
Dos fort bon dos, David Imrie et Lu Barbuto
Dr Dalet, j'ai mal, que faire?, Dr Roger Dalet
* **Être belle pour la vie,** Bronwen Meredith
La faim de vivre, Geneen Roth
Guide critique des médicaments de l'âme, D. Cohen et S. Cailloux-Cohen
L'hystérectomie, Suzanne Alix
L'impuissance, Dr Pierre Alarie et Dr Richard Villeneuve
Initiation au shiatsu, Yuki Rioux
* **Maigrir: la fin de l'obsession,** Susie Orbach
Maladies imaginaires, maladies réelles?, Carla Cantor et Dr Brian A. Fallon
* **Le manuel Johnson & Johnson des premiers soins,** Dr Stephen Rosenberg
* **Les maux de tête chroniques,** Antonia Van Der Meer
Maux de tête et migraines, Dr Jacques P. Meloche et J. Dorion
La médecine des dauphins, Amanda Cochrane et Karena Callen
Mince alors... finis les régimes!, Debra Waterhouse
Perdez du poids... pas le sourire, Dr Senninger
Perdre son ventre en 30 jours, Nancy Burstein
La pharmacie verte, Anny Schneider
Pourquoi les femmes vivent-elles plus longtemps que les hommes?, Royda Crose
* **Principe de la technique respiratoire,** Julie Lefrançois
* **Programme XBX de l'aviation royale du Canada,** Collectif
Qi Gong, L.V. Carnie
Renforcez votre immunité, Bruno Comby
Le rhume des foins, Roger Newman Turner
Ronfleurs, réveillez-vous!, Jocelyne Delage et Jacques Piché
La santé après 50 ans, Muriel R. Gillick
Santé et bien-être par l'aquaforme, Nancy Leclerc
Savoir relaxer — Pour combattre le stress, Dr Edmund Jacobson
* **Soignez vos pieds,** Dr Glenn Copeland et Stan Solomon
Le supermassage minute, Gordon Inkeles
Vaincre les ennemis du sommeil, Charles M. Morin
Vaincre l'hypoglycémie, O. Bouchard et M. Thériault
Vivre avec l'alcool, Louise Nadeau

---

* Pour l'Amérique du Nord seulement.

(98/06)

Transcontinental
IMPRESSION
IMPRIMERIE GAGNÉ

 IMPRIMÉ AU CANADA